Colección  StuG3

AF274573

LA GUERRA DE COREA

JUAN VÁZQUEZ GARCÍA

GALLAND BOOKS editorial
www.gallandbooks.com

© Juan Vázquez García
© Galland Books S.L.N.E.

Título original: La guerra de Corea
Primera edición: abril 2024
ISBN: 978–84-19469-53-3
Depósito legal: DL VA 162-2024
Diseño y maquetación: Ione Muñoz García
Tratamiento de imágenes: Ione Muñoz García
Imprime: Rudelgraf
Impreso en España

El primer conflicto de la Guerra Fría

En 1950, Corea se encontraba en el punto de intersección de tres grandes potencias, Estados Unidos, la Unión Soviética y China. Con unos 30 millones de habitantes, su montañosa orografía y su recortada costa hacían las comunicaciones difíciles y limitadas. Al norte, el país limita con China por los ríos Yalu y Tumen. La costa este está bañada por el Mar del Japón, y la oeste por el Mar Amarillo. En el punto más estrecho tiene unos 160 km de costa a costa, y la distancia máxima de norte a sur es de unos mil kilómetros. Los veranos son calurosos y húmedos, con un monzón que dura de junio a septiembre, y los inviernos extremadamente fríos.

La vida era muy placentera para las tropas de ocupación estadounidense en Japón. Pronto cambiaría de forma radical.

Japón se había anexionado Corea en 1910, y la situación perduró hasta 1945. Tras la Conferencia de Potsdam se decidió que el país se dividiría en dos áreas de control, soviético y norteamericano, separadas por el paralelo 38, más o menos por la mitad, aunque con un desequilibrio poblacional, pues 21 millones de coreanos permanecerían en el sur, frente a 9 millones en el norte. Tras la rendición del Japón, el Comandante Supremo de las Fuerzas Aliadas en el Pacífico, Douglas MacArthur, designó al teniente general John R. Hodge como comandante de las Fuerzas Armadas de los Estados Unidos en Corea. En diciembre de 1945 las cuatro potencias vencedoras habían acordado un mandato cuatripartito sobre el país durante cinco años, situación que provocó un gran rechazo entre los coreanos, deseosos de independizarse de una vez. La situación interna era confusa y conflictiva, con constantes luchas de poder entre diversas facciones. Incluso los norteamericanos tuvieron que recurrir inicialmente a las tropas japonesas rendidas para mantener el control y el orden. Peor aún, los soldados americanos se entendían mejor con los japoneses que con los coreanos. (Ya entre muchos altos jefes militares norteamericanos se empezaba a pensar, como en el caso de Patton, que habían estado luchando durante cuatro años contra el enemigo equivocado). Los soviéticos, además, encumbraron al Partido Comunista, que asumió el poder en el norte, de la mano de Kim-Il-Sung.

En 1947 la Unión Soviética bloqueó un intento de unificación, y boicoteó las elecciones que tuvieron lugar en mayo de 1948. Como resultado de las mismas, Syngman Rhee fue proclamado presidente de la República de Corea en julio, al mismo tiempo que se aprobaba una constitución. En septiembre los norcoreanos formaron su propio gobierno y proclamaron la República Popular Democrática de Corea, nombrando presidente a Kim Il Sung, y reclamaron jurisdicción sobre la totalidad del país. En junio de 1949 las tropas norteamericanas abandonaron el país.

LÍDERES ANTAGÓNICOS

Syngmann Rhee había vivido durante diez años en Estados Unidos, hablaba muy bien inglés y fue elegido, en el verano de 1905, por varios de los prohombres coreanos para entrevistarse con el presidente Theodore Roosevelt, cuando éste estaba negociando el tratado de paz ruso-japonés. Rhee buscaba detener la colonización japonesa de su país, pero Roosevelt, aparte de mostrarse cortés, lo ignoró por completo. De hecho, mientras hablaban, su secretario de estado, Taft, firmaba un acuerdo secreto en Tokio mediante el cual Japón controlaría Manchuria y Corea.

Rhee, que había sido preso político y había estado a punto de ser ejecutado, estudió en Harvard y se doctoró en la prestigiosa universidad de Princeton y se relacionó con algunos personajes importantes, hasta llegar a conocer al presidente Wilson, llegando a formar parte de su círculo íntimo. Pero, tras la Primera Guerra Mundial, Wilson prefería mantener buenas relaciones con Japón, para lo que le siguió dejando vía libre en Corea. Japón se comportaría en Corea durante casi medio siglo, como un opresor cruel e implacable, con la aquiescencia de las potencias occidentales. Buena parte de la pequeña clase media y acomodada coreana llegó a admitir la ocupación que le permitía mantener su estatus. Pero para los futuros líderes coreanos era insoportable, y para el pueblo llano, no había razón para esperar que Norteamérica les ayudase a liberarse del yugo nipón.

Tras la Segunda Guerra Mundial, Estados Unidos decidió colocar a Syngman Rhee como líder del sur. Contaba a la sazón 70 años y, tras haber vivido casi toda su vida en el exilio, era un apasionado anticomunista, feroz nacionalista, pero voluble y egocéntrico. Su concepto de la democracia era el control absoluto de todas las instituciones y la fidelidad total de sus súbditos. Se había vuelto

La actitud inicial americana tras el final de la guerra fue la de centrar su esfuerzo defensivo en Europa, en detrimento del escenario oriental. Incluso en enero de 1950, el Secretario de Estado Acheson explicó en una conferencia de prensa la estrategia defensiva americana en el lejano oriente, que excluía formalmente tanto a Corea como a Formosa. Al mando de las fuerzas norteamericanas en el lejano oriente se encontraba MacArthur, desde enero de 1947. MacArthur controlaba todas las fuerzas terrestres, navales y aéreas en Japón, Corea, Filipinas y un enorme rosario de islas del Pacífico.

Tras la Segunda Guerra Mundial la Norteamérica de Truman había decidido intentar volver al aislacionismo previo al conflicto, declinando hacerse cargo de las responsabilidades que su condición de vencedor y única gran potencia nuclear llevaban implícitas. Uno de los aspectos más significativos del proceso fue el extraordinario programa de desarme, en el que llegaron a licenciarse, de media, 15.000 soldados diarios.

profundamente desconfiado con todo el mundo, y endurecido notablemente, compatibilizando todo ello con su fe cristiana. Estaba apoyado por Chiang Kai-Sek, a pesar de sus diferencias. En 1950 era un líder brutal, corrupto, inestable emocionalmente y completamente imprevisible.

Su antagonista, Kim Il-Sung, se hizo con el poder en Corea del Norte en 1945, apoyado directamente por Stalin y el Ejército Rojo. Desde entonces se había dedicado a convencer a los soviéticos de que el Sur caería fácilmente y que se levantaría mayoritariamente contra Rhee.

Durante la ocupación nipona Kim había sido un guerrillero comunista convencido, ferviente nacionalista, pero, a la vez, obediente a Moscú. Había nacido en una familia de campesinos, en 1912, y su nombre original era Song-Ju. De niño escapó a la ocupación japonesa con sus padres y se estableció en Manchuria, donde aprendió el chino. Se fue radicalizando y entró en contacto con los comunistas chinos. Casado a los 15 años, fue maestro y curandero. Dos años después estuvo en prisión durante seis meses y, al ser liberado, se afilió al partido comunista chino. En aquellos años adoptó el nombre de guerra de Kim Il-Sung, en recuerdo a un líder guerrillero. A los 20 años lideraba su propio grupo guerrillero, pero bajo control de los comunistas chinos. En 1942 se incorporó al Ejército Rojo y llegó a tener el mando de un batallón.

En 1945 era la elección óptima para Stalin. Rígido, ferviente comunista ortodoxo, doctrinario, muchos años tras la muerte de Stalin seguiría siendo más estalinista que Stalin, creando una sociedad perfectamente controlada, con un Estado omnímodo, el ideal estalinista. Reescribió su biografía y cultivó el culto a su personalidad, como Stalin y Mao. En 1950 despreciaba a los chinos y pensaba que no los necesitaba para su misión unificadora con el Sur.

El presupuesto de defensa también se redujo drásticamente. Ni el Presidente Truman, ni el Congreso ni la mayor parte del pueblo estadounidense eran conscientes del nuevo orden mundial, las nuevas responsabilidades adquiridas, las nuevas amenazas y la forma de enfrentarlas. A finales de 1945 parecía que la posesión en exclusiva del arma nuclear hacía innecesaria la existencia de un ejército convencional. La URSS no se veía aún claramente como un oponente poderoso, y China estaba enfrascada en una larga y cruenta guerra civil entre los comunistas de Mao Tse-Tung y el ejército «nacionalista» de Chiang Kai-Sek, apoyado por Estados Unidos con una cantidad ingente de material de todo tipo. El líder nacionalista tenía su capital en Guonmintang, y encabezaba un gobierno extraordinariamente corrupto e ineficaz, empezando por él mismo.

OROGRAFÍA COMPLEJA

- 0 a 200 m
- 200 a 1000 m
- Más de 1000 m
- Grandes ejes montañosos
- ▲ Pico
- ★ Capital
- ● Área metropolitana mayor de 600.000 habitantes

LAS FUERZAS ENFRENTADAS

La formación de un ejército en Corea del Sur comenzó, en 1947 con la creación de un cuerpo de policía, de 20.000 hombres. En marzo de 1949 tal fuerza fue reconvertida en un ejército de 65.000 hombres, agrupados en ocho divisiones. En junio de 1950, el total de efectivos ascendía a unos 150.000 hombres. Su armamento era enteramente norteamericano, aunque carecía de tanques, artillería media y aviación (salvo doce avionetas de enlace y diez entrenadores). Los soldados eran casi todos analfabetos, reclutados a la fuerza y carentes de adiestramiento y de motivación mínima para la lucha. No es de extrañar que el número de deserciones fuese escandaloso.

En contraste, el Ejército del Pueblo de Corea del Norte, creado en febrero de 1948, contaba con unos 135.000 hombres en 1950. Los asesores soviéticos estaban asignados, inicialmente, en número de 150 para cada división, aunque descendió paulatinamente al incrementarse el número de oficiales coreanos entrenados. Había más de 20.000 veteranos de la guerra civil china de finales de los años cuarenta, y el material soviético abundaba. Destacaban los carros T-34/85, de 32 toneladas, la artillería de 122 mm y 132 aviones (entre ellos 70 cazas Yak-3 y Yak-7B, y 62 aviones de ataque Il-10, provenientes de la Segunda Guerra Mundial, pero aún muy eficaces en buenas manos, además de aparatos de reconocimiento y entrenadores).

Las escasas fuerzas estadounidenses estacionadas en Corea en el verano de 1950 estaban mal armadas y adiestradas, bajo el mando de oficiales mediocres o directamente malos. En Japón estaban basadas cuatro divisiones, cuyos miembros disfrutaban de una vida plácida, donde incluso los soldados rasos disponían de un asistente japonés. Todas tenían dos batallones por regimiento, en lugar de los tres teóricos.

En Estados Unidos había crecido un poderoso *lobby* chino, que apoyaba a Chiang sin analizar ni la verdadera situación ni el uso que se hacía del dineral que recibía. De hecho, en realidad la mayor parte de los políticos norteamericanos *no quería ver* la realidad. Las verdaderas razones de ello aún permanecen oscuras (intereses del complejo militar industrial, corrupción, fallos clamorosos de inteligencia, simple buenismo, inmadurez e ignorancia, etc…).

Protagonistas de la posguerra. A la izquierda, Harry S. Truman; a la derecha, Chiang-Kai-Sek.

Desde un principio, la actitud de Estados Unidos era de considerar a Corea del Norte como un ejecutor de la voluntad de Stalin, con el apoyo de Mao. Con la entrada directa de China en la guerra, el conflicto con Taiwan siempre estaría presente, hasta la actualidad.

Ya desde mayo de 1949 habían ocurrido incidentes graves en la frontera, con continuas incursiones por parte de unidades norcoreanas e irregulares, degenerando algunas de ellas en verdaderas

LAS CONSECUENCIAS DE LA VICTORIA

La aparición del arma nuclear había hecho pensar a muchos que las fuerzas convencionales estaban llamadas a desaparecer, especialmente cuando Estados Unidos tenía la exclusiva de ella. Fruto de ese pensamiento, del nuevo statu quo mundial y de la nueva economía de posguerra las fuerzas armadas convencionales estadounidenses se habían reducido drásticamente y, en 1950, eran apenas una sombra del poderoso ejército victorioso de 1945. Los 12 millones de militares de 1945 se habían reducido a un millón y medio en 1947. El presupuesto de defensa había descendido de 91.000 millones de dólares a 10.300. Y la calidad media del soldado dejaba mucho que desear.

En junio de 1950 el ejército norteamericano tenía 231.000 efectivos en ultramar, de ellos 80.000 en Alemania y 108.000 en el Lejano Oriente. La Reserva General, estacionada en Norteamérica se componía de cinco divisiones (la 2ª Acorazada, la 2ª y 3ª de Infantería y las 11ª y 82ª Aerotransportadas). En el Lejano Oriente había cuatro divisiones (la 1ª de caballería y la 7ª, 24ª y 25ª de Infantería), así como el 29º grupo de combate regimental, conformando el VIII Ejército. Todas las divisiones se encontraban muy por debajo de su fuerza nominal tanto en hombres como en material (alrededor de un 60%). El nivel de adiestramiento era muy pobre y todo el material provenía de la Segunda Guerra Mundial.

batallas con cientos de bajas por ambos bandos. Aunque los comentarios sobre una invasión de Corea del Sur eran habituales a finales de 1949, en el verano de 1950 las autoridades norteamericanas descartaban toda posibilidad de invasión. Y ello a pesar de las evidencias y los informes de la CIA que marcaban el mes de junio como fecha del ataque. Aunque, en esa época, había múltiples posibilidades y rumores de ataques comunistas, y Corea era uno más…

DOUGLAS MACARTHUR

En 1950 Douglas MacArthur tenía 70 años y era el militar estadounidense de más alta graduación. Primero de su promoción en West Point, con calificaciones extraordinarias, siempre fue el oficial más joven en alcanzar cada uno de los puestos por donde pasó, entre ellos jefe de una división en la Gran Guerra, en Francia, y jefe de Estado Mayor del Ejército de Tierra.

Sus indudables cualidades como militar no impedían que siempre dejara que su inmenso ego le dominase. Era un gran actor y magnificaba sus logros, cuidando extraordinariamente su imagen. La guerra del Pacífico le había promocionado hasta tal punto que se consideraba intocable. Tras la rendición del Japón se convirtió en un auténtico virrey, encargado de la reconstrucción del país y de su transformación en una democracia moderna, objetivo que no se puede negar que logró.

En Tokio estableció su corte, rodeado de un enorme grupo de cortesanos que solo le decían lo que quería oir. Vivía aislado de la realidad, exacerbando su crónica tendencia a desobedecer las órdenes y a hacer lo que le daba la gana. Los hombres que le rodeaban le temían y los que no le temían duraban muy poco en su cuartel general.

Desde niño trató de seguir el ejemplo de su padre, Arthur, héroe de la guerra civil y de la de Filipinas, extraordinariamente ambicioso, con un ego enorme, acabó su vida como teniente general, con la Medalla de Honor del Congreso, pero desilusionado con su carrera, el ejército y los políticos. Aún más que Arthur, quien empujó y protegió a Douglas sería su madre, Pinky, empeñada en que el hijo superase al padre. Lo educó para ser el mejor, pero también el más egoísta y el más aislado. Nunca tendría verdaderos amigos, en buena parte porque se consideraba muy superior a los demás.

Su relación con Truman fue pésima. No respetaba al presidente y éste desconfiaba de él, al que calificaba de señor *prima donna*, y pensaba que se comportaba de forma desleal con sus superiores (y con sus subordinados) de forma habitual, lo que era muy cierto. Fue relevado del mando en abril de 1951. Fallecería en 1964, a los 84 años.

LA OFENSIVA COMUNISTA

El 15 de junio de 1950 los norcorea-nos comenzaron a concentrar siete divisiones de infantería, una brigada acorazada un regimiento independiente de infantería, uno de motocicletas y una brigada de policía (en total 90.000 hombres y 150 carros de combate de origen soviético T34/85) al borde del paralelo 38.

Kim Il-Sung estaba decidido a invadir Corea del Sur y reunificar el país bajo un régimen comunista nacionalista. Stalin le dejó, *de facto*, libertad de acción, y Mao Tse-Tung le ofreció ayuda, que Kim despreció, convencido de que el régimen de Rhee caería en pocos días y la población del sur le recibiría con los brazos abiertos. El desprecio que mostró hacia el ofrecimiento de Mao sentó muy mal en Beijing. Además, los chinos estaban convencidos de que, si la invasión no transcurría exactamente como había planeado Kim, pronto se encontrarían en graves problemas frente a los estadounidenses.

Arriba. Cañón sin retroceso estadounidense de 75 mm haciendo fuego. El rebufo lo hacía muy visible para el enemigo.

Abajo. En los primeros días de la guerra MacArthur había dicho que, si le dejaban llevar a Corea a la Primera División de Caballería, *«veríamos correr a esos pobres tipos hasta la frontera de Manchuria tan rápidamente como si escaparan del diablo»*

Uno de los mayores errores de Kim Il-Sung sería no entender que las democracias occidentales, y, en particular, Estados Unidos, responderían a una invasión norcoreana viéndola a través del prisma de Munich (El vergonzoso acuerdo entre Alemania y los franco-británicos, en 1938, que abandonaron Checoslovaquia a su suerte y dio alas a Hitler para continuar su expansión) Truman estaba convencido de que eran los soviéticos quienes habían empujado a Kim-Il-Sung a la invasión y que el único lenguaje que

T-34/85

El principal carro norcoreano resultó decisivo en la ofensiva inicial, pues apenas tenía oponentes. Pesaba 32 toneladas, estaba armado con un cañón de 85 mm y dos ametralladoras, tenía una dotación de cinco hombres y era rápido (hasta 50 km/h) y con una gran autonomía (hasta 400 kilómetros). Su blindaje era muy efectivo frente a los lanzacohetes de 2,35 pulgadas y los cañones de 76 mm.

Lo mejor era que resultaba fácil de manejar, era mecánicamente fiable y muy fácil de mantener y reparar, por lo que el nivel de los carristas norcoreanos era muy aceptable. Ya obsoleto en la Europa de 1950, resultaría decisivo en el éxito de la invasión del ejército norcoreano.

entendería era el de la fuerza. Aunque era partidario de la línea dura, también era consciente de que ello conllevaba el peligro de enfrentarse directamente a China, cuando no a la propia URSS. Cabía la posibilidad de que Corea fuese tan solo el primer paso de una ofensiva a nivel general por parte de los estados comunistas contra las democracias occidentales y sus aliados.

A las 04h00 del día 25 comenzó un ataque general a lo largo de la frontera, de mar a mar. La mitad de las fuerzas se concentraron en el corredor de Uijongbu, que llevaba directamente a Seúl. Tres divisiones surcoreanas fueron incapaces de frenar el ímpetu del ataque y se retiraron hacia la capital.

El día 28, el viceministro coreano de defensa ordenó la voladura de los puentes sobre el río Han, para retardar el avance, pero las consecuencias para las tropas en retirada fueron devastadoras, ya que tuvieron que abandonar enormes cantidades de material. Una resolución del Consejo de Seguridad de la ONU demandando el cese de las hostilidades y la retirada al norte del paralelo 38 no tuvo, como es habitual, el menor efecto, y fue seguida de otra recomendando el apoyo a Corea del Sur para repeler la invasión.

OFENSIVA COMUNISTA

Líneas de frente:
···· 25 junio
···· 29 junio
— 6 julio
— 20 julio
— 20 agosto
— 15 septiembre

Aunque es evidente que la URSS conocía y aprobaba el plan norcoreano, el momento del ataque les cogió por sorpresa. De hecho, el delegado de la URSS en la ONU estaba ausente del Consejo de Seguridad cuando se reunió, en protesta por la actitud de la ONU ante el problema de Taiwán. El 29 de junio el propio MacArthur evaluó la situación en el río Han y recomendó el envío inmediato de tropas norteamericanas. Truman autorizó el envío de dos divisiones desde Japón y la consolidación de la base aeronaval de Pusan. Temía que, si no se oponía en fuerza, los soviéticos lanzaran otro ataque «por poderes» en Europa Occidental. Además, el ataque suponía un desafío directo a la ONU («*no podemos defraudar a la ONU*», dijo el presidente a sus consejeros). El 7 de julio el Consejo de Seguridad autorizó a los norteamericanos, por siete votos a favor, con la abstención de Yugoslavia y la ausencia de la URSS, a intervenir. La ONU de 1950 era aún un instrumento de las democracias occidentales y sus clientes. Eventualmente, un total de 19 países aportarían fuerzas durante el conflicto.

Aunque Truman denominó al conflicto inicialmente como una «operación de policía», la presión estadounidense pronto consiguió que sus tropas lucharan bajo la bandera de la ONU. Este organismo, en 1950, respondía fundamentalmente a los intereses norteamericanos y, a veces, de Europa Occidental. El 27 de junio, con la única abstención de India y Egipto, el Consejo de Seguridad autorizó el uso de la fuerza para responder a la agresión comunista.

Truman estaba en una posición difícil pues no podía controlar a MacArthur, que actuaba por libre, ocultaba información a Washington y trataba de desarrollar sus propias ideas sobre la política internacional. Pero se vería seriamente perjudicado por su falta de respeto al presidente y su visión distorsionada de la realidad.

Arriba. El ejército de Corea del Sur se nutría de todo tipo de material estadounidense.

Página anterior, abajo. El avance norcoreano fue rápido. El mapa muestra las sucesivas líneas del frente.

Abajo. Evacuación apresurada ante el avance norcoreano.

Seúl cayó sin apenas lucha el día 28, y, tras tender puentes de pontones casi sin oposición sobre el río Han, las divisiones norcoreanas 3ª y 49ª, apoyadas por carros T-34, continuaron su progresión hacia el sur. El día 30, el *major-general* Dean, comandante de la 24ª División de Infantería, partió en avión desde Kyushu hacia Corea, al mando de los 500 primeros norteamericanos, que serían seguidos por el resto de la división por vía marítima. Inmediatamente se constituyó un grupo de combate (*Task Force*) al mando del teniente coronel Smith, comandante del 1º Batallón del 21º Regimiento de Infantería. Junto con elementos del 52ª batallón de artillería de campaña estableció una posición de bloqueo cinco kilómetros al norte de Osan. El 5 de julio, dos regimientos de la 4ª División norcoreana, apoyados por 33 carros T-34, atacaron la posición, provocando la primera acción de los norteamericanos en la guerra, que se saldó con una desbandada de los supervivientes estadounidenses, indefensos ante los carros norcoreanos.

Walton Walker, a pesar de ser despreciado por MacArthur, demostró ser muy capaz en Pusan. Recorría a baja altura las posiciones a bordo de avioneta L-5, asumiendo un gran riesgo, pero adquiriendo una idea precisa de la situación. Carente de carisma, bajo, regordete, criticado por la prensa, tenía sin embargo una combatividad que le había hecho uno de los oficiales favoritos de Patton

A lo largo de la primera semana de julio el resto de la división llegó a Corea, y el general Walker tomó el mando de todas las fuerzas terrestres. MacArthur fue nombrado el día 7 comandante de todas las fuerzas en Corea del Sur. Su estrategia consistía en detener el avance norcoreano hacia el sur de la península y, utilizando su superioridad aeronaval, realizar un desembarco en la retaguardia norcoreana, para lo que demandaba un mínimo de cinco divisiones de infantería y una brigada de carros. Pero todo eso llevaría tiempo. De momento, el objetivo americano era retrasar el avance, y para ello concentraron dos regimientos (el 21º y 34º) a lo largo del eje Osan-Taejon, vía de penetración de dos divisiones norcoreanas, protegiendo así además el flanco surcoreano. A finales de julio el ejército surcoreano había conseguido cierto grado de organización de nuevo.

La 24ª División del general Dean estableció un perímetro defensivo alrededor de Taejon, 160 km al sur de Seúl, que fue atacado entre el 14 y el 16 de julio por las divisiones norcoreanas 3º y 4ª. Tras haber logrado penetraciones por diversos puntos, el día 19, los norcoreanos atacaron Taejon, que fue abandonado por los americanos el día 20. El único elemento positivo en el bando norteamericano fue la aparición del lanza-granadas de 5,5 pulgadas, que sí se reveló muy eficaz contra los T-34, de los que destruyó ocho. Para el propio Dean comenzó una odisea de 36 días de vagar entre las

La Batalla de Osan

Osan es una localidad situada 40 kilómetros al sur de Seul, donde la *Task Force* Smith estableció una posición de bloqueo. Estaba compuesta por un batallón de infantería (con solo dos compañías) y una batería con seis obuses de 105 mm. Sumaban 540 hombres y estaban escasos de armas de apoyo (para los estándares estadounidenses), con diez bazookas de 2,35 ", cuatro ametralladoras de 12,7 mm, dos CSR de 75 mm, dos morteros de 107 mm y seis de 60 mm. La batería tan solo tenía seis proyectiles HEAT, eficaces contra blindados. La mayoría de los soldados contaba con tan solo dos meses de adiestramiento y solo un tercio de los oficiales tenían experiencia de combate en la Segunda Guerra Mundial.

A las 07h30 del 5 de julio una columna de ocho T-34, seguidos dos kilómetros después por un nutrido grupo de infantería, se aproximó a sus posiciones por la carretera. Los obuses de 105 mm y los CSR abrieron fuego y consiguieron varios impactos, sin efecto apreciable. Los carros continuaron su camino y dispararon un tanto a lo loco. Los bazookas tampoco lograron detenerlos. El obús que disponía de los proyectiles HEAT abrió fuego a corta distancia y logró averiar a un carro e incendiar a otro, antes de ser destruido. Otro carro resultó inmovilizado por un impacto en el tren de rodaje y el resto continuó su camino, superando la posición.

Una hora después otros 25 carros T-34 cruzaron la posición, y tres resultaron averiados y uno inmovilizado por el fuego de 105 mm. De nuevo los bazookas resultaron inútiles. Los americanos habían sufrido una veintena de bajas y perdido casi todos sus vehículos. Poco después de las once de la mañana una larga columna de camiones, de casi diez kilómetros de longitud, se aproximó, llevando dos regimientos completos, con 5.000 hombres, encabezados por otros tres carros. Los hombres de Smith abrieron fuego y lograron destruir varios camiones, pero pronto uno de los regimientos coreanos se desplegó y avanzó para flanquear a los defensores.

Tras tres horas de combate, escasos de munición y con las comunicaciones cortadas, Smith ordenó el repliegue, que resultó caótico. Buena parte del equipo quedó abandonado, así como varios heridos, que serían ejecutados en el acto por los comunistas. Lograron regresar a sus líneas el 60% de los efectivos. Resultaron muertos 60 hombres, 21 heridos y 82 capturados, de los que morirían en prisión 32. Cuatro carros habían resultado averiados y los coreanos habían sufrido 42 muertos y 85 heridos, habiendo sido detenidos durante unas siete horas.

colinas esquivando a los norcoreanos, hasta que, traicionado por dos surcoreanos, fue finalmente capturado. Pasaría los siguientes tres años como prisionero de guerra, y recibiría la Medalla de Honor del Congreso. La propia 24ª División sufrió un 30% de bajas y perdió todo su equipo en ese periodo.

Las tropas norcoreanas habían demostrado una notoria superioridad operativa, no sólo sobre los surcoreanos sino también sobre los norteamericanos. En efecto, habían realizado dos movimientos envolventes con gran eficacia, en el río Kum y en Taejon, combinando fuertes ataques frontales con rodeos por el flanco izquierdo del defensor para bloquear las rutas de escape. Los norteamericanos habían sufrido graves carencias en comunicaciones, logística, falta de entrenamiento para el combate y bajo nivel de profesionalidad entre los oficiales.

Arriba. El único portaaviones de la 7ª Flota en 1950 era el USS Valley Forge, de 27.000 toneladas. Su grupo aéreo, el CVG-5, consistía en dos escuadrones de cazas F9F *Panther* (30 unidades), dos de cazabombarderos F4U *Corsair* (28 unidades) y un escuadrón de ataque con 14 AD-4 *Skyrider*.

No obstante, durante la segunda mitad de julio, el ejército surcoreano había conseguido alcanzar el nivel de efectivos anterior al comienzo del ataque, y en ese mismo periodo, llegaron dos divisiones norteamericanas, la 25ª de Infantería y la 1ª de Caballería, a Pusan. El 29 de julio, el general Walker dio órdenes para detener la retirada, ya que el espacio, que habían estado cambiando por tiempo hasta ese momento, se estaba agotando. El creciente volumen de refugiados se estaba convirtiendo en un problema sobreañadido. 58 campos se habían establecido a finales de julio para los más de 400.000 que habían cruzado las líneas del frente. Los norcoreanos aprovechaban con frecuencia el flujo para infiltrar tropas entre los civiles, o incluso llegaban a utilizarlos para limpiar campos de minas.

Abajo. Almond y Shepard, dúo nefasto de la corte de MacArthur. Éste se rodeó de un círculo de aduladores en Tokio. El enorme volumen de oficiales en su Estado Mayor iba en detrimento de la calidad y cantidad de personal necesario en puestos vitales, como el estado mayor del VIII Ejército.

Se estableció progresivamente una línea defensiva natural a lo largo del río Naktong, mientras las divisiones norcoreanas 4ª y 6ª presionaban hacia el este. El 3 de agosto el avance norcoreano se había detenido. Las fuerzas aliadas establecieron un perímetro defensivo alrededor de Pusan, un espacio de unos 150 km de norte a sur y 80 de este a oeste. Al norte estaba limitado por una cadena montañosa entre Waeg-wan y Yongdok, y al este por el río Naktong y el Nam. Tres divisiones norteamericanas y cinco surcoreanas defendían el perímetro.

Los norcoreanos lo asediaban con diez divisiones, algunas ya muy mermadas. En la primera semana de agosto, tras recibir refuerzos, 92.000 hombres de la ONU se enfrentaban a 100.000 norcoreanos.

Arriba. En junio de 1950 la US Navy tan solo tenía 270 naves de combate en servicio. El número de portaaviones operativos era 15, con otros cuatro en proceso de modernización, y la mayoría estaban en el teatro atlántico.

Abajo. El F4U-B *Corsair* tenía una velocidad máxima de 700 km/h y estaba armado con cuatro cañones de 20 mm y ocho cohetes de 127 mm o bien dos bombas de 454 kgs.

Los norcoreanos realizaron varios ataques simultáneos a lo largo de cuatro ejes de avance, pero sin resultados apreciables. En un punto, conocido como la bolsa de Naktong, estuvieron a punto, tras cruzar el río, de lograr la ruptura, llegando cerca de Yongsan, pero el contraataque norteamericano, el 17 de agosto, restableció la situación, dejando a la 4ª División norcoreana con la mitad de sus efectivos originales. En esta fase la enorme superioridad logística norteamericana se puso de manifiesto, pues la munición no escaseaba, y los norcoreanos tenían serias dificultades con los suministros a través del difícil territorio montañoso. La superioridad aérea era claramente de la ONU, y los refuerzos seguían llegando ininterrumpidamente. El 1 de septiembre ya había 180.000 hombres en el perímetro (92.000 surcoreanos), y más de 500 tanques (M4A3, M-26 y un batallón de los nuevos M-46). Frente a esta defensa, más organizada y numerosa, las tácticas previas de los norcoreanos ya no funcionaban y sólo cabía recurrir al asalto frontal. Algo suicida frente a un enemigo con buenas y cortas líneas de comunicaciones, superioridad aérea y 1ª División de *Marines*, al mando del general Smith, tejano de 57 años y veterano de la guerra en el Pacífico, llegada de los Estados Unidos y reforzada por un regimiento surcoreano de *marines*.

A pesar del creciente número de efectivos, las tropas norteamericanas mostraban una grave carencia, que era la falta de experiencia real en combate, especialmente en las condiciones de Corea. Ello requería tiempo, que era un bien muy escaso. Incluso las unidades consideradas de élite, como la 2ª División, nunca sería tal hasta que hubiera estado un tiempo en el frente actual.

Los norcoreanos tampoco se habían demostrado como hábiles tácticos en Pusan. Si hubieran concentrado sus esfuerzos en unos pocos puntos, es mucho más probable que hubieran

COMBATES EN EL NAKTONG

El Naktong constituía un obstáculo considerable. La corriente era lenta, el fondo fangoso y la

profundidad no superaba los dos metros, pero la anchura oscilaba entre los 400 y los 800 metros. A finales de agosto los comunistas contaban con trece divisiones de infantería, con una media de 7.500 hombres, una división y dos brigadas acorazadas. Pero la fuerza aérea aliada estaba causando estragos en sus líneas de comunicación y las fuerzas en el interior del perímetro no dejaban de crecer.

Walton Walker demostró ser un general competente y profesional y logró organizar una defensa eficaz con los medios disponibles, aprovechando las líneas de comunicación interiores, volando en su avioneta sobre el frente para tener una idea precisa de la situación, y animando a sus hombres en primera línea.

En el denominado recodo del Naktong (de unos 7 x 8 kilómetros) tuvieron lugar unos combates que a punto estuvieron de quebrar la defensa, al subestimar los estadounidenses las capacidades del enemigo. En efecto, la 4ª División norcoreana se había desangrado allí y Walker desplegó solo dos batallones de infantería, que cubrían cada uno un frente de más de 15 kilómetros.

En la noche del 31 de agosto la 2ª División de Infantería norcoreana cruzó el río y atacó los sectores defendidos por las compañías *Charlie* y *Baker*, ofreciendo un aterrador espectáculo de miles de antorchas avanzando en la noche. La *Baker* se replegó tres un par de horas de combate, pero la *Charlie* quedó aislada y casi rodeada. No obstante, logró ralentizar el avance de casi toda la división comunista y dio tiempo a que se estableciera una posición de bloqueo en el camino a Pusan. El precio fue alto. Tan solo sobrevivieron una veintena de hombres y un oficial.

Algo más al sur, la compañía *Fox* sufrió el envite del grueso de la 9ª División. Los comunistas abrieron brecha y se dirigieron hacia Yongsan. Si lo tomaban, quedaría abierta la ruta a Pusan y nadie podría pararlos. Los restos de las compañías americanas de vanguardia se retiraron como pudieron hasta la colina que dominaba Yongsan, donde la compañía *Dog*, al mando provisional del teniente Beahler (de ingenieros), se había desplegado. Veterano de la Segunda Guerra Mundial, Beahler ignoró las absurdas órdenes de su jefe de regimiento y se desplegó según

su propio criterio, lo que resultó decisivo a la hora de rechazar el ataque nocturno comunista. Carente de apoyo artillero, afrontó con habilidad oleada tras oleada de soldados norcoreanos, que resultaron masacrados por el fuego defensivo. Las bajas estadounidenses fueron también elevadas, pero la posición aguantó y Yongsan (y, con ello, Pusan), quedaron fuera del alcance de los comunistas. Beahler recibiría la Cruz de Servicios Distinguidos, ante la indignación de su jefe de regimiento, que quería someterlo a consejo de guerra.

La potencia de fuego de la artillería estadounidense era formidable. A la izquierda, varias piezas autopropulsadas M40, en esencia un cañón *Long Tom* de 155 mm sobre chasis Sherman. A la derecha, piezas antiaéreas de 90 mm en funciones de apoyo táctico.

logrado la ruptura (aunque ello los habría expuesto al fuego concentrado de la artillería estadounidense). Pero la dispersión de esfuerzos resultó fatal.

La ofensiva norcoreana había fracasado y ahora estaban en una posición muy expuesta, con sus líneas de comunicación muy extensas y vulnerables. Sus bajas eran muy elevadas y la fuerza del enemigo no cesaba de crecer. Su sueño de que el sur se levantaría para apoyarlos al cruzar el paralelo 38, y de que en tres semanas habrían «liberado» Corea se había hecho añicos. El *Inmin-gun* (Ejército de Corea del Norte) carecía de la experiencia del *Vietminh* en la lucha frente a un enemigo que le superaba con creces en potencia de fuego. Los primeros días de retirada lo hicieron a lo largo de las carreteras, lo que los convirtió en un excelente blanco para la aviación estadounidense, que destrozó columnas enteras.

Ya desde el principio de la invasión MacArthur demostró una carencia absoluta de visión de la realidad. No es de extrañar pues a lo largo de la campaña del Pacífico se había comportado de forma similar, pero en la posguerra tal actitud se había exacerbado hasta límites muy peligrosos. Empachado de sí mismo, aislado del mundo exterior, se había rodeado de una corte de aduladores que tan sólo le decían lo que quería oir y contribuían a su aislamiento. Además, bloqueaban cualquier intento de que le llegaran noticias que le desagradaran. MacArthur se comportaba como un auténtico virrey del Pacífico, disponiendo a su antojo de sus fuerzas y desoyendo cualquier orden superior. Lo increíble es que se lo consintieran durante tanto tiempo. Y ello era así porque estaba rodeado de un aura de vencedor y de excelente estratega que su corte se encargaba de magnificar.

Que, realmente, fuera de lo mejor que tenían Estados Unidos, da idea del mediocre nivel que tenía la superpotencia.

MacArthur planeó desde un principio un contraataque basado en un desembarco en Inchon, cerca de Seúl. Era un plan arriesgado que requería una excelente planificación, y, sobre todo, una gran dosis de suerte para que no acabara en una catástrofe. La mayor parte de los comandantes estadounidenses preferían una operación anfibia mucho menos ambiciosa, para romper el cerco del perímetro de Pusan, pues eran muy conscientes de la escasez de medios y de las consecuencias que podría tener un fracaso de tal magnitud.

Arriba. Cuando, en la contraofensiva, los americanos pasaron por Osan, encontraron los cadáveres de sus compañeros, en las cunetas, atados, con un tiro en la nuca. Estaba muy claro lo que se podía esperar de los comunistas, entonces y ahora.

Los mandos navales consideraban la operación, cuando menos, muy peligrosa, dadas las condiciones extremas de marea del Mar Amarillo y el estrecho canal que conducía al objetivo. Además, los marines tendrían que escalar un muro y penetrar directamente en zona urbana. Peor aún, no habría reservas disponibles.

En coordinación con el desembarco, tendría lugar la ruptura desde el perímetro de Pusan, aunque había grandes dificultades para concentrar las tropas necesarias ante la incesante presión enemiga.

Abajo. Uno de los nuevos bombarderos embarcados AJ-1 *Savaje* en cubierta.

La flota de asalto anfibio contaba con una poderosa cobertura aérea.

Operación *Chromite*

El desembarco en Inchon tuvo lugar en la mañana del 15 de septiembre. Era la mayor operación anfibia desde la Segunda Guerra Mundial. Los *marines* eran conscientes de la importancia de la operación, no sólo para la guerra, sino para asegurar su propia supervivencia, en una época en que se cuestionaba si los gigantescos bombarderos B-36 *Peacemaker* armados con bombas termonucleares hacían inútiles las fuerzas convencionales.

El 8 de agosto había tenido lugar la última reunión entre MacArthur y el equipo procedente de Washington, para determinar la operación anfibia que debería revertir el curso de la guerra. Ante las renuencias de sus interlocutores por el riesgo que suponía Inchon, MacArthur desplegó toda su teatralidad y enorme ego: «*Son ustedes unos pusilánimes*» –luego escribió en una gran pizarra, en francés «*De qui objet? (¿Cuál es el objetivo?)*» y rodeó Inchon con un gran lápiz– «*Ahí es donde deberíamos desembarcar, en Inchon, directamente a la garganta. No se dejen aconsejar por sus temores, es simplemente una cuestión de voluntad de poder y de coraje*».

La corte de MacArthur

En su Estado Mayor de Tokio, MacArthur se había rodeado, en su mejor tradición, de una enorme corte de aduladores y oficiales serviles, encargados de mantenerle aislado de la realidad y de protegerle tanto de sus superiores en Washington como de sus subordinados encargados de darle noticias que no quería creer. MacArthur solo quería confirmar sus propias ideas sobre los planes enemigos. Si pensaba que éste iba a hacer una cosa determinada, es que eso es lo que iba a suceder.

Su jefe de Estado Mayor, Ned Almond, se consideraba a la altura de Patton, como mínimo, y pensaba que había sido maltratado en la pasada guerra. Racista sureño, supo ganarse el puesto de mano derecha de MacArthur, en medio de las luchas de las camarillas de Tokio por llenar de lisonjas al virrey. Era muy hábil en decirle al general no sólo lo que quería oír sino en anticipar lo que quería incluso antes de que el propio general supiera que lo quería.

Otra figura aún más nefasta era el arribista Charles Willoughby, G-2 (inteligencia) del Estado Mayor. Fue decisivo en tergiversar, filtrar, ocultar y manipular la información que llegaba de sus subordinados, con una actitud que solo puede ser calificada como criminal. Siempre tenía razón. Si decía que algo no sucedería , es que no podía suceder. Pontificaba con frases como «*sabemos que van a hacer esto y aquello y no van a hacer esto y aquello*».

Para una operación que, teóricamente, requeriría cuatro divisiones, tan solo se disponía de dos (la Primera de Marines y la Séptima de Infantería), y ello a cambio de desguarnecer un frente ya muy presionado. La brillante presentación convenció, sin embargo, a los otros miembros. Quedaban en el olvido las frases grandilocuentes de MacArthur al principio de la invasión, cuando dijo que vencería a los norcoreanos con una mano atada a la espalda. MacArthur quería atacar en Inchon, lo iba a hacer e iba a obtener una gran victoria. Esa era su creencia y solo podía ser cierta.

El 15 de septiembre un convoy de 260 barcos (entre ellos 37 viejos LST de la Segunda Guerra Mundial) partía de Yokohama, para enfrentarse al tifón *Kezia*, con vientos de hasta 180 km/h. Finalmente, tras una horrorosa experiencia, llegaron a su objetivo. La fase inicial la constituía el asalto de la isla de Wolmi, que protegía el puerto de Inchon. A las 06h33 la fuerza de asalto, formada por el 3º Batallón del 5º de Marines y nueve carros de combate M-26 *Pershing* desembarcaron frente a escasa resistencia. A las 07h50 la isla estaba asegurada, al precio de 17 *marines* heridos. Los norcoreanos habían sufrido 108 muertos y 136 prisioneros, de un total de unos 500 defensores.

Tras la captura de Wolmi hubo que esperar hasta bien entrada la tarde a una nueva marea para realizar el desembarco en el puerto. El intenso apoyo aéreo y naval impidió que los norcoreanos concentraran tropas en el puerto (en total había unos 2.000 defensores). A las 17h33 el 5º de Marines asaltó Playa Roja, escalando el muro con escaleras; 22 minutos después, uno de los objetivos, la colina del Cementerio, había sido tomada. Una dura lucha tuvo lugar en el otro objetivo, la colina del Observatorio, que se prolongó hasta la medianoche. Mientras tanto, el 1º de Marines desembarcó en la Playa Azul a las 17h32. A la 01h30 había consolidado sus objetivos. Los marines habían sufrido 21 muertos y 174 heridos.

Planificación y ejecución. Los riesgos eran enormes. El factor sorpresa era decisivo. Si el puerto estaba minado los retrasos serían catastróficos. Las fuerzas de asalto eran limitadas (26.000 hombres). Las condiciones de marea limitaban mucho las ventanas para el asalto anfibio (tres horas por la mañana y otras tantas al atardecer). El canal de acceso al puerto era estrecho y las corrientes muy fuertes. La aproximación debería hacerse de noche y el riesgo de tifones era alto. El desembarco inicial iba a desarrollarse no en una playa, sino en un muelle elevado.

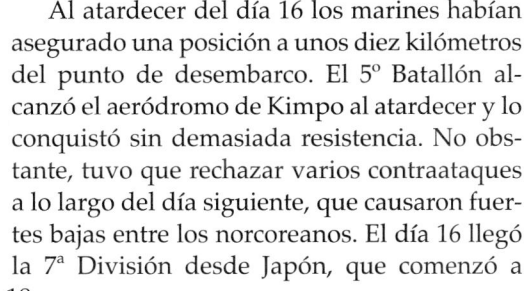

El apoyo naval fue poderoso. Tres LSMR lanzaron 2.000 cohetes de 127 mm en 20 minutos para cubrir el desembarco inicial en Inchon.

Al atardecer del día 16 los marines habían asegurado una posición a unos diez kilómetros del punto de desembarco. El 5º Batallón alcanzó el aeródromo de Kimpo al atardecer y lo conquistó sin demasiada resistencia. No obstante, tuvo que rechazar varios contraataques a lo largo del día siguiente, que causaron fuertes bajas entre los norcoreanos. El día 16 llegó la 7ª División desde Japón, que comenzó a desembarcar el día 18.

Asegurado el puerto de Inchon, el X Cuerpo se enfrentaba a su siguiente objetivo, Seúl, a unos 40 km, y defendido por unos 20.000 hombres. La 7ª División avanzó protegiendo el flanco derecho de la División de Marines. El 32º batallón capturó la Colina de la Mina de Cobre el día 21, así como la cota 290, tras duros combates, dominando de esa manera la ruta hacia el río Han y el propio Seúl.

Marines escalando con escaleras el muro, desde las lanchas de desembarco.

La lucha por Seúl propiamente dicho comenzó el día 22 y duró cuatro días. Las fuerzas norcoreanas consistían en la recientemente formada 25ª Brigada, con unos 2.500 hombres distribuidos entre en dos batallones de infantería, cuatro de ametralladoras, uno de morteros pesados y uno de artillería con cañones de 76,2 mm. En unión del Regimiento Independiente 78, defendía una línea de colinas. Tras dos días de duros combates, los *marines* apenas habían progresado y la 7ª División lanzó un asalto cruzando el río Han para rodear la línea de crestas, a las 06h00 del día 25 una fuerte concentración artillera abrió el ataque, que encabezó el 32º de infantería. A las 15h00 ya había consolidado las primeras elevaciones, y continuó progresando entre las posiciones norcoreanas a lo largo de la noche.

Los marines abriéndose camino en Inchon.

Al amanecer un millar de norcoreanos lanzaron un furioso contraataque que arrolló a una compañía norteamericana, pero fue rechazado con fuertes pérdidas poco después. Esa misma mañana, la compañía L, al mando del teniente McCaffrey Jr emboscó una gran columna norcoreana,

OPERACIÓN *CHROMITE*

El desembarco en Inchon representó el punto de inflexión en la ofensiva norcoreana del verano de 1950. Fue una apuesta personal de MacArthur, en contra del criterio de la mayoría de mandos estadounidenses, y se convirtió en su mayor éxito, aunque no cabe duda de que la suerte estuvo de su lado.

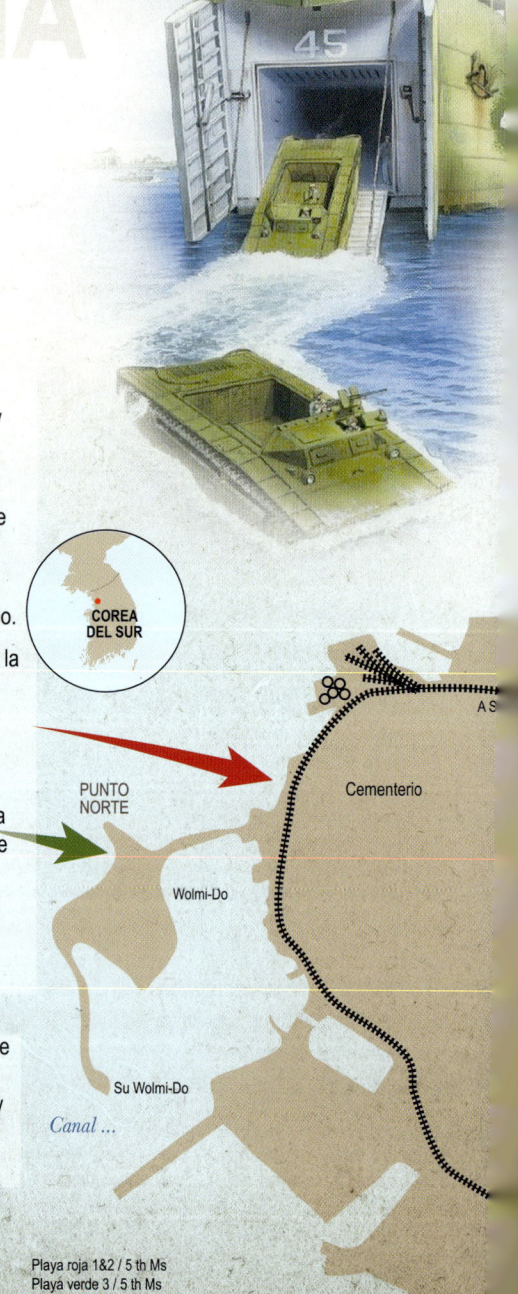

CRONOLOGÍA

28 de agosto
MacArthur es autorizado para llevar a cabo la operación

3 de septiembre
Un tifón causa daños en los buques que se estaban preparando para la operación

1 de septiembre
La flota de invasión zarpa de Japón

15 de septiembre

⏱ **06h33.-** El 3º Batallón del 5º de Marines desembarca en la isla de Wolmi-do (Playa Verde), frente a escasa oposición, y se hace con ella, con bajas mínimas (17 heridos).

⏱ **11h15.-** La isla es asegurada, pero la marea está bajando y los asaltantes quedan aislados, a la espera de la pleamar de la tarde. El fuego norcoreano es escaso e ineficaz.

⏱ **14h30.** Los buques de apoyo comienzan a bombardear Inchon. Los cazabombarderos *Corsair* se unen al bombardeo.

⏱ **17h24.-** El 1º y 2º Batallones del 5º Marines desembarca en la Playa Roja. Los marines deben superar con escaleras el metro y medio que separa sus embarcaciones de lo alto del muelle.

⏱ **18h00.-** El 1º Regimiento de Marines desembarca en Playa Azul, con tractores anfibios, en medio de un gran caos por la lluvia y el humo de los incendios de la ciudad, especialmente depósitos de gas en el puerto.

⏱ **24h00.** Los tres puntos dominantes de Inchon, British Consulate Hill, Observatory Hill y Cemetery Hill, son asegurados por los marines.

16 de septiembre
01h00.- Los marines consolidan Playa Azul. El aeródromo de Kimpo, a medio camino de Seul, es tomado.
Al amanecer, ya estaban en tierra más de 13.000 hombres y una gran cantidad de equipo y vehículos, a un coste de 196 bajas. Capturaron 300 prisioneros norcoreanos.

COREA
DEL SUR

PUNTO
NORTE

Cementerio

Wolmi-Do

Su Wolmi-Do

Canal ...

Playa roja 1&2 / 5 th Ms
Playá verde 3 / 5 th Ms
Playa azul 1, 2 & 3 / 1º Ms

A S

FUERZAS ENFRENTADAS

🇺🇸 EEUU	🇰🇵 COREA DEL NORTE
X Cuerpo	
26.000 hombres	2.000 hombres

- 1ª División de Marines
- 7ª División de Infantería

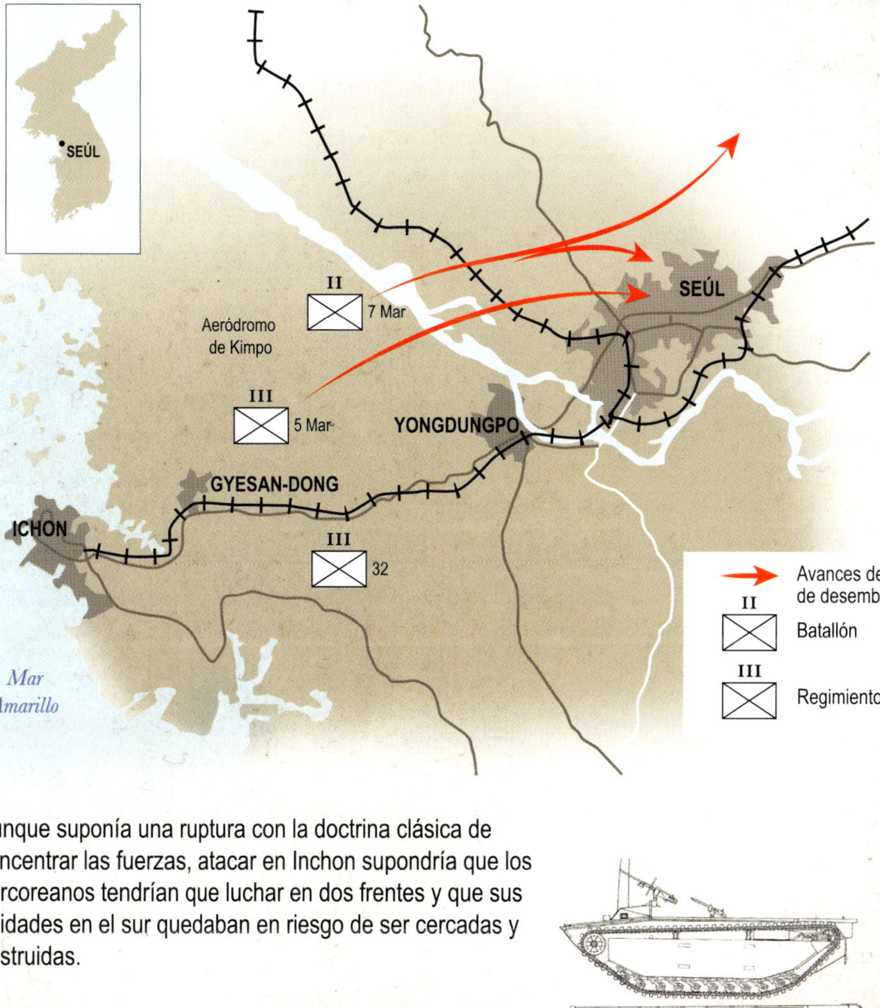

SEÚL

II 7 Mar

Aeródromo de Kimpo

III 5 Mar

YONGDUNGPO

GYESAN-DONG

ICHON

III 32

SEÚL

Mar Amarillo

→ Avances de las tropas de desembaco

II ⊠ Batallón

III ⊠ Regimiento

Aunque suponía una ruptura con la doctrina clásica de concentrar las fuerzas, atacar en Inchon supondría que los norcoreanos tendrían que luchar en dos frentes y que sus unidades en el sur quedaban en riesgo de ser cercadas y destruidas.

Inchon tenía la ventaja de ser un excelente puerto natural, muy cercano a la capital, Seul, a unos 30 kilómetros de distancia. Su conquista supondría un enorme éxito propagandístico y moral.

Los medios disponibles para el asalto eran algo improvisados. Para la isla de Wolmi-do se utilizaron tres destructores de escolta especialmente modificados y un buque LSD. Para el resto se utilizaron 30 LST (Landing Ship Tank) y 172 amtracs.

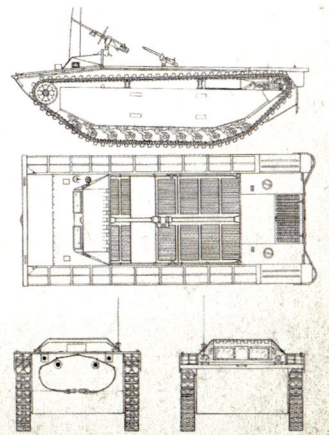

destruyendo cinco carros y causando más de 500 bajas. A lo largo del día 26, mientras las tropas norteamericanas penetraban en la capital, los norcoreanos lanzaban repetidos contraataques para retardar el avance y cubrir la retirada de sus tropas. Al anochecer, la mitad de la ciudad estaba bajo control de las tropas de la ONU. El día 27 vio fuertes combates en el centro de la ciudad, a medida que los norteamericanos penetraban apoyados por artillería, lanzacohetes, carros y aviación. Finalmente, el día 29, MacArthur devolvió oficialmente el control de la capital al presidente Rhee. La 7ª División había sufrido unas 600 bajas (106 muertos) y los marines unas 2.300 (364 muertos). Las bajas norcoreanas se estimaron en 14.000 muertos y más de 7.000 prisioneros.

Mientras tenía lugar el desembarco en Inchon, el VIII Ejército del general Walker emprendía la ruptura desde Pusan, aunque de forma muy irregular, en medio de continuos ataques del enemigo. Un elemento clave lo constituía la cota 268, al sur de Waegwan, defendida por la 3ª División norcoreana apoyada por carros T-34. El 5º Grupo de Combate regimental asaltó la colina el día 19, y la tomó tras dos días de duros combates, en los que los F-51 realizaron repetidos ataques con *napalm* y cohetes. El día 19 los americanos tomaron Waegwan, cruzando el río Naktong. El día 23 tuvo lugar uno de los habituales incidentes por «fuego amigo», cuando los recién llegados británicos del regimiento *Argyll & Sutherland* fueron bombardeados con *napalm* por F-51, cuando acababan de conquistar la cota 282, sufriendo 17 muertos y 76 heridos. Se sucedieron los ataques en varios puntos del períme-

COMBATE URBANO EN SEUL

Los barrios periféricos de la capital contaban con calles muy largas, rectas y anchas, que favorecían la progresión de las unidades acorazadas. Los marines pronto adoptaron una táctica que aprovechaba su superioridad material. Los norcoreanos bloqueaban las calles con barricadas a lo largo de varios puntos.

Inicialmente los cazabombarderos *Corsair* atacaban una barricada y sus puntos de apoyo con cohetes y napalm. Posteriormente los carros *Pershing* batían los puntos de apoyo que aún resistían, y avanzaban, cubriendo a la infantería. Embestían la barricada y los infantes tomaban las casas circundantes y consolidaban la posición. Esta operación podía llevar alrededor de una hora. Era un procedimiento relativamente lento, pero eficaz, y minimizaba las bajas.

Los helicópteros se utilizaron con eficacia para transportar tropas a tierra y evacuar bajas a los buques hospital.

tro, que lograron rupturas con mayor o menor rapidez y coste. A finales de septiembre, la 25ª División había alcanzado el puerto de Kusan en la costa occidental. En el flanco derecho del perímetro, las tropas surcoreanas atacaron y destruyeron a las 8 y 15ª divisiones norcoreanas. El día 23, el cinturón de fuerzas norcoreanas alrededor del perímetro había sido destruido, al precio de 790 muertos y 3.500 heridos norteamericanos, pero los norcoreanos habían perdido varias decenas de miles de soldados, incluidos 23.000 prisioneros.

En vista del éxito aliado se desató el debate sobre la conveniencia de cruzar el paralelo 38 e invadir Corea del Norte. Mientras el Consejo de Seguridad Nacional opinaba en contra, la Junta de Jefes de Estado Mayor estaba decidido a la invasión, para destruir completamente al enemigo, aunque ello suponía arriesgarse a una intervención soviética o china.

Arriba. La fuerza de invasión en Inchón.

Centro. Devastador fuego de apoyo.

Abajo. T-34/85 destruido, camino de Seul.

Tras más de cinco años de presidencia, Truman se reunió por primera vez con MacArthur en la isla de Wake, el 15 de octubre, en medio de un ambiente de mutua desconfianza y recelo. El general aseguró al presidente que China no entraría en guerra, a pesar de reconocer que tenía 300.000 hombres en Manchuria, más de un tercio de los cuales estaba en la frontera.

Ante la pregunta directa sobre la posibilidad de una intervención china o soviética, MacArthur fue tajante: «*La probabilidad es muy escasa. En el primer o segundo mes su intervención podría haber sido decisiva pero ahora ya no la tememos… No les esperaremos de brazos cruzados… Si los chinos tratan de llegar a Pyongyan se producirá la mayor carnice-*

ría de la historia de la humanidad».

El día 27 de septiembre el general MacArthur recibió autorización para cruzar el paralelo 38, aunque en realidad, según su criterio, no la necesitaba. El 1 de octubre, el lider chino Zhou En-Lai declaró que su país no toleraría la invasión del territorio norcoreano y que intervendría militarmente en caso de tal eventualidad. Al día siguiente, la delegación soviética en la ONU propuso un alto el fuego. A lo largo de los primeros días de octubre, los norcoreanos desoyeron varios llamamientos a la rendición, hasta que, el día 7, la Asamblea General aprobó una resolución pidiendo la reunificación y autorizando a MacArthur a cruzar el paralelo 38.

LA DECISIÓN DE CRUZAR EL PARALELO 38

La decisión más lógica desde el punto de vista militar sería avanzar al norte del paralelo 38 y establecer una línea defensiva poderosa, estableciendo posiciones de artillería y contando con apoyo aéreo, para crear una zona tampón fácilmente defendible y, en ese momento, proponer un alto el fuego. Pero ello supondría aceptar una victoria limitada y negociar con quien Estados Unidos no quería negociar.

Había, sin embargo, muchos altos mandos (entre ellos MacArthur) y políticos que deseaban progresar hasta el Yalú (la frontera con China), pues deseaban explotar la victoria e, incluso, reunificar Corea bajo un gobierno democrático títere. Muchos no creían que China fuese a intervenir directamente, y menos aún la URSS. Con un enemigo en franca huida, a pesar de tener conocimiento de la existencia de fuertes contingentes chinos en la frontera, la idea de detenerse suponía ser acusado de debilidad con el comunismo, en época difícil para soportar tal acusación.

La orden que recibió MacArthur era extraordinariamente ambigua: cruzar el paralelo 38, evitando comprometerse en una guerra contra China o la URSS. Debía evitar el contacto directo con tropas de dichos países y, para acercarse a la frontera, debía utilizar solo tropas surcoreanas.

Ya el día 30 de septiembre dos divisiones surcoreanas cruzaron el paralelo 38 para capturar la ciudad de Wonsan diez días después. Tres divisiones norteamericanas cruzaron el día 9, y progresaron lentamente hacia el norte. El 8º de Caballería se detuvo el día 12 frente a un reducto norcoreano, que soportó repetidos bombardeos terrestres y aéreos. El 5º de Caballería también encontró una fuerte resistencia, especialmente en la cota 174. Tras duros combates, la 1ª División de Caballería capturó Kumchon el 14 de octubre. El día 19, la compañía «F» del 5º de Caballería penetraba en Pyongyang, seguida por elementos de la 1ª División surcoreana. Mientras, la 1ª División de *marines* desembarcaba en Wosan el día 26, y la 7ª división en Iwon el día 29, 130 km al norte. Apenas seis semanas antes el 8º Ejército luchaba por su supervivencia

El crudo invierno pasó un duro tributo a los chinos. Su calzado era totalmente inadecuado y muchos recurrían a envolverse los pies en trapos. Las tropas de la ONU estaban mucho mejor equipadas.

OFENSIVA DE LA ONU

Ch'ongjin

Ch'ongjin

Hyesan

Kanggye
Ch'osan

Kusŏng   Usan

Sinuiju

Taedong-gang   Cordillera Hamgyong

Hŭngnam

Mar del
Japón

Wŏnsan

★Pyongyang

Namp'o

Cordillera T'aebaek

Sariwŏn   Imjin-gang   Kimhwa

Haeju   Kaesŏng

Ongjin   Ch'unch'ŏn

Seul★

Inch'on ⊙   Wŏnju

Suwŏn   Yŏngwŏl

Osan

P'yŏngtaek   Naktong-gang

Mar Amarillo   Kum-gang

Taejŏn   P'ohang

Kusan   Taegu

Ulsan

Pusan

N
W · E
S

Uno de los portaaviones británicos en el escenario, el HMS *Triumph.*

en Pusan, y ahora había penetrado más de 200 km en territorio enemigo y capturado su capital. Su siguiente objetivo era la barrera del río Yalu, la frontera tradicional con China.

El Primer Cuerpo, con la 24ª División y la 27ª Brigada británica alcanzaron el río Chongchon, en unión de la 1ª División surcoreana. El día 25 de octubre, elementos de reconocimiento del 7º Regimiento observaban como las tropas norcoreanas cruzaban el Yalu hacia China a través de un improvisado puente. La máxima penetración de los norteamericanos la realizó el 1º Batallón del 21º de Infantería, en Congodong, en el Yalu.

→ Ejes de avance de las tropas de la ONU

— 15 de septiembre
— 26 de septiembre
— 7 de octubre
— 14 de octubre
— 20 de octubre
— 26 de octubre

◯ Desembarco de las fuerzas del X Cuerpo. 15 de septiembre

NEGANDO LA EVIDENCIA

Las evidencias de la inminente intervención china eran claras, pero casi nadie en Tokio quería verlas. Peor aún, la corte de aduladores de MacArthur filtraba todos los informes de tal manera que éste se reafirmaba aún más en sus ideas preconcebidas sobre bases inconsistentes o, simplemente, falsas. Lo que MacArthur pensaba que era cierto *tenía* que ser cierto. Cuando ya había 250.000 soldados chinos en la frontera, MacArthur pensaba que no superaban los 35.000. Los primeros prisioneros capturados (pertenecientes a varios ejércitos), fueron tomados como voluntarios de una única unidad de poca entidad.

Mao tenía claro que debía intervenir, no para apoyar a su vecino que tan despectivamente había rechazado su ayuda, sino para confirmar su *status* de líder de una potencia emergente, que había derrotado a Chiang y que no temía al poderío estadounidense. Incluso asumía que Washington utilizase armamento nuclear y causase millones de muertos. Con una enorme población, eminentemente agrícola, China podía absorber tal catástrofe, en aras de la supervivencia de un gran estado comunista independiente. La nueva China no se dejaría intimidar ni explotar por potencias extranjeras.

El resultado de ambas situaciones no sería sino el enfrentamiento directo de China contra Estados Unidos, algo impensable apenas dos meses antes. China comenzaría a mostrarse como el verdadero e implacable enemigo de las democracias occidentales.

Aún después de los primeros enfrentamientos, MacArthur seguiría negando la evidencia, frente a la tímida «recomendación» de la Junta de Jefes de Estado Mayor. No quería establecer una zona tampon en el cuello de la península, ya que supondría una contemporización comparable a los acuerdos de Munich de 1938:

«Renunciar a cualquier parte de Corea frente a la agresión de los comunistas chinos representaría la mayor derrota del mundo libre en los últimos años. Ceder a una proposición tan inmoral llevaría a la quiebra de nuestro liderazgo e influencia en Asia y haría insostenible nuestra posición, tanto política como militarmente. Seguiríamos así los pasos de los británicos, quienes al reconocer a la República Popular de China han perdido el respeto del resto de Asia sin ganar el de China».

China lidera la ofensiva comunista

El 25 de octubre, el 3° Batallón de la 6ª División surcoreana fue emboscado y destruido a 12 kilómetros de Onjong por elementos del ejército chino. A lo largo de los siguientes días tanto la 6ª como las 7° y 8ª divisiones fueron obligadas a retroceder, abandonando gran cantidad de material, por las tropas chinas, dejando al descubierto el flanco derecho norteamericano. En el oeste la historia se repetía, y la 1ª División surcoreana también retrocedió ante la presencia china al norte de Unsan. Tropas mecanizadas norteamericanas trataron de apoyar a sus aliados, en vano. El 8° de Caballería quedó bloqueado al sur de Unsan, perdiendo más de 250 hombres. El 5° de Caballería trató en vano de auxiliar al cercado 3° Batallón que fue aniquilado por la 116ª División china. En total, se perdieron más de 800 soldados norteamericanos.

La intervención china cambió radicalmente el panorama de la guerra. La decisión de invadir Corea del Norte había estado justificada puesto que, aunque derrotado, en modo alguno estaba destruido el ejército norcoreano, y aún superaba al de Corea del Sur (tenía unos 60.000 hombres), por lo que, en el mejor de los casos, las fuerzas de la ONU tendrían que establecer una presencia permanente a lo largo del paralelo 38.

El cruce del Yalu comenzó en la noche del 19 de octubre, y se mantendría lo largo de las siguientes noches. En Tokio prefirieron ignorar las evidencias y perdieron la última oportunidad de replantear con realismo no solo la ofensiva sino toda la guerra. MacArthur estaba en la cumbre de su engreimiento: «*Señores, la guerra está*

MAO TSE-TUNG

Mao Tse-Tung, líder de la China comunista, ansiaba demostrar al mundo que su victoria sobre Chiang era el resultado de una superioridad ideológica y moral que podía exportarse a otros países. Era un extraordinario megalómano, con una paupérrima formación básica, pero buen conocedor de su pueblo. Como arquitecto y guardián de la revolución se convertiría en el mayor genocida de la historia, no dudando en matar a millones de sus súbditos para tratar de confirmar su ideología.

A lo largo de su vida pensó que el objetivo de sus numerosos enemigos, internos y externos, era destruirlo a él y su revolución, y por ello tenía que destruirlos antes. Taiwan era una de sus obsesiones, pero carecía de fuerza para conquistarla. No dejaba de pedir ayuda a Stalin, especialmente aviones e instructores, para crear una fuerza aérea poderosa para atacar Taiwan. En Corea, sin embargo, gozaría de una gran ventaja logística y numérica. Si derrotaba a los estadounidenses (y estaba convencido de que así sería), reforzaría su control político en China, tras una guerra civil tan prolongada y cruenta.

Su relación con Stalin fue siempre de desconfianza mutua. Pensaba que Stalin hubiera preferido a Chiang, porque podría manejarlo fácilmente. Para Mao los soviéticos eran antes rusos que comunistas y, para Stalin, Mao era demasiado heterodoxo y sus raíces campesinas eran incompatibles con el proletariado (inexistente en China).

En diciembre de 1949 viajó, tras muchos intentos, a Moscú, donde fue tratado con frialdad y distanciamiento por Stalin, como si fuese un segundón de un pequeño país. En su única entrevista personal las diferencias fueron notables y el desencuentro escandaloso. Mao, humillado, regresó aborreciendo aún más a la Unión Soviética.

En la intervención en Corea estaba dispuesto a sufrir un ataque nuclear. Le dijo a Nehru: «*No hay que temer a la bomba atómica. China tiene millones de habitantes y no se les puede matar a todos. Yo también puedo lanzar una bomba atómica. La muerte de 20 o 30 millones de personas no es algo que debamos temer*". Su insensibilidad por la pérdida de vidas, cualesquiera que sean, no podía ser más evidente.

acabada. En menos de dos semanas el VIII Ejército estará en el Yalu a lo largo de todo el frente. La 3ª División estará en de regreso en casa para la cena de Navidad».

Estado en que quedó el jeep de Walker tras el accidente que le costó la vida.

Entre el 19 de octubre y el 1 de noviembre, más de 180.000 soldados chinos cruzaron el río Yalu, cogiendo por sorpresa a MacArthur, que no pensaba en una intervención china de tal magnitud, a lo sumo un gesto de apoyo a los coreanos. Las tropas de la ONU estaban a la defensiva una vez más. Mao había decidido intervenir aún cuando, en el último momento, Stalin decidió no proporcionar el apoyo aéreo prometido.

El Ejército de Voluntarios del Pueblo Chino

Las fuerzas chinas estaban al mando de Peng Dehuai, un general de origen campesino, veterano de varios conflictos. Para camuflar la intervención, se denominó Ejército de Voluntarios del Pueblo Chino). Peng también asumió el mando (ante el enfado de Kim Il-Sung) de las tropas norcoreanas. Al menos 260.000 soldados chinos marcharon sin ser detectados desde sus bases en Manchuria hasta la frontera, moviéndose solo de noche, con cada hombre transportando todo su equipo. Varias divisiones recorrieron así casi 500 kilómetros en 19 días.

Realmente, la cifra exacta de tropas chinas no es segura, y las fuentes oscilan. Es probable que alcanzase hasta 30 divisiones de infantería y superase los 300.000 hombres, con un notable apoyo acorazado. La mayor carencia era la aviación, y tampoco estaban muy sobrados, inicialmente, de munición de artillería pesada. Pero su moral era alta y muchos de los oficiales y soldados eran veteranos de la reciente guerra civil. Su equipo estaba bien adaptado a las duras condiciones invernales. En conjunto, representaba un formidable enemigo.

Cuando, el día 1 de noviembre, las tropas chinas arrollaron a las dispersas unidades de la 1ª División de Caballería utilizando la táctica de lanzar olas humanas al son de las trompetas, una nueva etapa de la guerra comenzó. Tras pulverizar a las tropas de vanguardia de la ONU, aniquilando, entre otras unidades, al 8º de Caballería, el 6 de noviembre, repentinamente, los ataques cesaron. Los norteamericanos estaban sorprendidos. Contra la opinión de MacArthur, las tropas chinas en modo alguno constituían unidades de segundo nivel. Estaban bien equipadas, organizadas, motivadas, y muchos tenían experiencia de combate en la guerra civil contra las tropas de la China Nacionalista. Muchos de los oficiales tenían más de 20 años de experiencia...

A pesar de la contraofensiva (el día 6 de noviembre ya había 300.000 soldados chinos

Ofensiva de China

La fulgurante ofensiva china cogió a MacArthur completamente desprevenido y logró empujar a las tropas de la ONU de nuevo hacia el sur.

CATÁSTROFE EN USAN

En la mañana del 25 de octubre la 1ª División de Infantería surcoreana atacó cruzando el río Samtan, cuando se encontró con unidades chinas completamente inesperadas. Ante la entidad del enemigo la división estableció posiciones defensivas alrededor de Unsan. Las unidades chinas comenzaron a cortar intermitentemente las líneas de comunicación, que a duras penas fueron mantenidas por los estadounidenses.

Sin tener una idea clara de la verdadera situación, el 8ª Regimiento de Caballería estadounidense llegó a Unsan el día 29, coincidiendo con la desbandada de uno de los regimientos coreanos y la destrucción de la 6ª División surcoreana al este de Unsan. Esta localidad quedó como una cuña en el frente, que fue inmediatamente atacada por elementos de tres divisiones chinas. El regimiento coreano que quedaba fue destruido y los norteamericanos, escasos de munición, intentaron retirarse. Demasiado tarde. Unsan ya estaba en poder de los chinos y todas las carreteras cortadas. En pequeños grupos, abandonando todos los vehículos y material pesado algunos supervivientes alcanzaron las líneas de la ONU el día 2.

El 5ª Regimiento de Caballería trató en vano de rescatar a uno de los batallones cercados y, tras sufrir 350 bajas, se retiró. Solo dos centenares de hombres del cercado 3º Batallón logró alcanzar sus líneas. Los chinos continuaron avanzando hasta casi agotar sus municiones, momento en que se detuvieron, tras sufrir 10.700 bajas. Pero habían destruido dos divisiones surcoreanas y un regimiento estadounidense, asestando un golpe moral de consecuencias dramáticas.

en Corea), MacArthur seguía negando que la intervención china tuviera la magnitud que ya era evidente para todo el mundo. Su aura de «héroe» de Filipinas, el éxito de su desembarco en Inchon y su carisma personal, que él mismo se encargaba de magnificar, utilizando los medios de comunicación, desde su privilegiada posición de «virrey» de Oriente, le hacían perder de vista la realidad más evidente. Tomando los ataques chinos como obra de «voluntarios», aún creía firmemente (y con él la opinión pública norteamericana) que dominarían el Yalu para las Navidades y que todo habría acabado en pocas semanas. Deseaba vengarse del revés infligido por los chinos bombardeando sus bases en Manchuria, estableciendo un bloqueo naval y utilizando incluso la bomba atómica. Por otra parte, Truman temía verse bloqueado en Corea cuando el verdadero peligro estaba en Europa o Japón. Como dijo Omar Bradley, era una *guerra indebida, en el momento inoportuno y contra el enemigo que no convenía*.

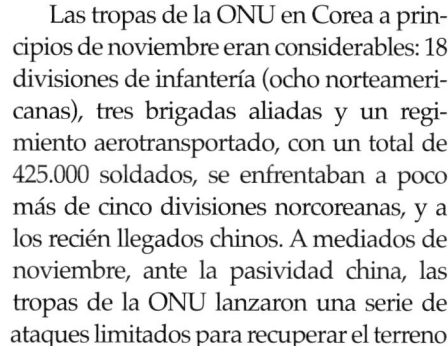

Los *Corsair*, armados con seis ametralladoras de 12,7 mm, 8 cohetes y contenedores de napalm o bombas cortamargaritas de 300 kilogramos eran ideales para las misiones de apoyo a tierra, contra unidades chinas en espacios abiertos.

Artillería autopropulsada (M40 de 155 mm), haciendo fuego en medio de la noche

El equipo básico del soldado norteamericano era el de la Segunda Guerra Mundial. El fiable M1 Garand era su arma básica.

Las tropas de la ONU en Corea a principios de noviembre eran considerables: 18 divisiones de infantería (ocho norteamericanas), tres brigadas aliadas y un regimiento aerotransportado, con un total de 425.000 soldados, se enfrentaban a poco más de cinco divisiones norcoreanas, y a los recién llegados chinos. A mediados de noviembre, ante la pasividad china, las tropas de la ONU lanzaron una serie de ataques limitados para recuperar el terreno perdido. A finales de mes, todo estaba preparado para una nueva y definitiva gran ofensiva que acabara con las fuerzas comunistas.

No llegó a comenzar. En la noche del 25 de noviembre, los chinos atacaron de nuevo. Utilizando las olas humanas, el 40° Ejército chino atacó al VIII Ejército norteamericano, que pudo repeler el ataque con grandes dificultades. A todo lo largo del frente se sucedieron los ataques y, el día 28, las tropas de la ONU estaban en retirada. Ésta se veía de nuevo dificultada por la gran cantidad de refugiados que invadían las escasas carreteras. Las tácticas de infiltración y bloqueo de la primera ofensiva norcoreana se repetían con éxito. El 30 de noviembre, los restos del VIII Ejército lograban establecer una línea defensiva que se extendía desde Sukchon hasta Singchagni, más de 40 km al sur de sus posiciones iniciales en la línea del río Chongchon. Las pérdidas habían sido graves. La 2ª División de Infantería, la brigada turca y tres divisiones surcoreanas estaban fuera de combate.

La 2ª División de Infantería, en concreto, había recibido el violento ataque del 40° Ejército chino, en el sector del río Chongchon, en la noche del 25 al 26. Sus compañías más expuestas habían intentado frenar la avalancha china, causando elevadas pérdidas a los atacantes, pero habían acabado siendo arrolladas. El día 27 los soldados chinos lanzaron de nuevo olas humanas en ambos flancos de la reserva de Chosin, perdiendo miles de hombres bajo el fuego de los *marines*. A pesar de las atroces bajas, la continuada presión a lo largo del frente, comenzó a rendir dividendos, y pronto lograron diversas penetraciones. La experiencia de la *Task Force MacLean* es representativa de la lucha que tuvo lugar.

EL INFIERNO DE CHOSIN

Formada por tres batallones de infantería, dos baterías de artillería y una compañía de carros, la misión original de la *Task Force MacLean* era atacar el día 26, cuando se encontró en el medio del ataque chino sobre Chosin. Obligadas a retirarse bajo presión, las tropas norteamericanas perdieron a su comandante y la compañía de carros se encontró separada del resto. Rodeada y aislada, formó un perímetro defensivo que fue repetidamente atacado por las oleadas chinas, que, al precio de enormes bajas, fueron reduciendo los efectivos americanos. Ante la inminencia de la destrucción, los supervivientes emprendieron una retirada en medio del hielo y la nieve, fragmentándose en grupos cada vez más pequeños que intentaban rodear los puntos de bloqueo chinos y alcanzar las líneas propias. El 2 de diciembre poco más de la mitad de la fuerza inicial de 2.500 hombres alcanzó la relativa seguridad de las posiciones de los marines. Su sacrificio no había sido en vano. Habían destruido virtualmente una división china y retrasado el avance enemigo durante cuatro días decisivos, permitiendo que los marines establecieran posiciones firmes en Hagaruri.

CHOSIN

SEÚL

→ La ruta de retirada de los marines

→ Principales ataques de las fuerzas chinas a lo largo de la ruta

En Tokio seguían sin hacerse una idea real de la verdadera situación y achacaban los reveses a que los surcoreanos habían abandonado sus posiciones dejando al resto en la estacada. Proponían pequeños repliegues hasta posiciones más favorables, cuando el verdadero problema era que las fuerzas de la ONU eran demasiado débiles para intentar establecer una línea defensiva en el Yalu, y estaban pagando el precio de la imprudente decisión de atacar al norte del cuello de la península.

Walker decidió abandonar Pyong-Yang y establecer una línea defensiva a lo largo del río Imjin, a unos 150 km al sur de la frontera.

A lo largo de las primeras semanas de diciembre tuvo lugar una retirada ordenada que cogió desprevenidos a los chinos, que no pudieron acosar al enemigo. La 1ª División de *marines* llevó el peso de la lucha para cubrir la retirada desde la reserva de Chosin, con un poderoso apoyo artillero y aéreo. Un encarnizado combate tuvo lugar en Hagaru-ri y Kotori, pero, finalmente, al precio de unas 600 bajas (103

Arriba. Los carros M-26 y M-46 estadounidenses no tenían rival en Corea.

Abajo. Representación idealizada del asalto comunista. La realidad sería bien diferente.

muertos), los *marines* forzaron el cruce del río. El 10 de diciembre, por fin, 12.000 soldados alcanzaron la línea de defensa principal. La profesionalidad y veteranía de su comandante, el general Smith (uno de los grandes olvidados de Corea), había salvado su división.

El reconocimiento de la magnitud de la contraofensiva china tardó mucho, demasiado, en el cuartel general de MacArthur en Tokio. Almond no hizo otra cosa sino empeorar la situación, cuando visitó algunas unidades de vanguardia y les espetó: «*Seguiremos atacando y ustedes deben seguir hasta el Yalú. Que no les detengan un puñado de condenados lavanderos chinos*». No se podía mostrar mayor incompetencia e ineptitud. MacArthur empezó a intentar eludir responsabilidades, aduciendo que la situación superaba sus capacidades y efectivos. Aún el 28 de noviembre estimaba la entidad de los chinos muy por debajo de la realidad. Incluso se negaría a admitir el término «retirada», sin admitir en ningún momento su gravísimo error, echando la culpa a Washington por no haberle dejado actuar en todo momento según su único criterio, atacando las bases chinas en Manchuria.

MacArthur debería haber concentrado sus fuerzas, creando un mando unificado y desplegando a las fuerzas estadounidenses para proteger los flancos del resto de unidades de la ONU, para permitir un repliegue ordenado a una línea más defendible, a unos 80 kilómetros al sur. De hecho, esa había sido la sugerencia de la Junta de Jefes de Estado Mayor, que MacArthur rechazó despectivamente.

El frente aliado se desmoronaba. La brigada turca entró en desbandada tras el primer contacto con el enemigo. Los chinos, rotas las líneas, se infiltraban en profundidad y cortaban las vías de comunicación, tendiendo emboscadas en las tortuosas carreteras coreanas. Los atascos eran inmensos y en uno de ellos se empantanó la 2ª División de Infantería (que constituía la retaguardia del VIII Ejército), que intentaba huir hacia Sunchon, en lo que se conocería como las «Horcas Caudinas».

Uno de los combates más épicos, y publicitados, fue el que enfrentó a la Primera División de *Marines*, que había quedado aislada alrededor del embalse de Chosin, contra seis divisiones chinas, que atacaron desde el norte y el este para tratar de aniquilarla. Entre el 27 de noviembre y el 9 de diciembre los *marines* lucharon por su mera supervivencia, abriéndose camino hacia Hungnam, frente a un número creciente de chinos (llegarían casi cuatro divisiones más). En esas dos semanas los chinos sufrieron 40.000 muertos y casi 20.000 heridos, y los marines casi 7.000 bajas (de ellas 561 muertos y 182 desaparecidos). Utilizando su enorme superioridad en artillería, evitando las carreteras y moviéndose de noche por terreno elevado, en medio de tempestades de nieve, infligieron enormes bajas a los chinos.

Arriba. Un M-26, en una posición estática, utilizado como artillería de campaña.

Abajo. El cazabombardero embarcado *Corsair* resultó formidable en misiones de apoyo táctico e interdicción.

El 8 de diciembre el X Cuerpo comenzó a evacuar el puerto de Hungman, cubierto por la *Task Force 90* de la *US Navy*. En total se transportaron 105.000 soldados, más de 18.000 vehículos y casi 100.000 refugiados, además de 350.000 toneladas de material diverso. Una baja inesperada en estas fechas la constituyó el propio Walker, que murió a consecuencia de las heridas

ARMAS NUCLEARES

La contraofensiva china supuso uno de los momentos más sombríos del gobierno de Truman. No sólo MacArthur le desobedecía abiertamente y la guerra, que el presidente creía casi acabada, parecía reiniciarse, sino que incluso el cerebral Truman estaba a punto de perder los nervios.

En una conferencia de prensa el 30 noviembre contestó a una pregunta sobre lo que iban a hacer las fuerzas estadounidenses en Corea diciendo que harían lo que fuese necesario para responder al reto. Otro periodista pregunto si eso incluía la bomba atómica, a lo que Truman respondió «*Eso incluye todas las armas de que disponemos*». Ante la siguiente pregunta «*¿Significa eso que se está considerando la posibilidad de su uso?*», respondió «*Siempre se ha considerado la posibilidad de su uso*", añadiendo que era una cuestión puramente militar y que la decisión le correspondía al comandante del teatro de operaciones. La torpeza posterior del gobierno en matizar tales palabras no tranquilizó a la opinión pública.

El F-80 *Shooting Star* padecía una grave limitación, que era su escasa autonomía. Al serles sustituidos los depósitos auxiliares por dos bombas de 1.000 libras y contar solamente con el combustible de sus tanques internos, el radio de acción quedaba reducido a 160 kilómetros. Los F-80C realizaron 98.515 salidas y se perdieron en combate 143. Otros 230 fueron baja por accidentes. Murieron 324 pilotos.

sufridas en un accidente de tráfico el 23 de diciembre. Le sustituyó el teniente general Matthew B. Ridgway, procedente de los paracaidistas. Carismático y agresivo, su primera preocupación era restablecer la moral de las tropas. Consciente de la potencia del ejército chino, comenzó por reforzar las líneas defensivas alrededor de Seúl y en el sector central, pero los chinos atacaron antes de que las posiciones estuviesen consolidadas. La 2ª División surcoreana se desmoronó, y Ridgway ordenó una retirada ordenada a la línea del río Han para proteger Seúl. Pero, ante el riesgo de que las tropas alrededor de la ciudad quedasen aisladas, Ridgway decidió una retirada a la denominada Línea C, dejando Seúl al enemigo. Multitudes de refugiados cruzaron el helado río Han, contribuyendo al caos. El 4 de enero, la retirada se había completado con escasas bajas, salvo la 27ª Brigada, que se vio envuelta en fuertes combates para rescatar a un batallón que había quedado aislado. No obstante, la línea C no constituía una defensa ideal, y las tropas de la ONU se retiraron a la línea D, a unos 50 km al sur, que iba desde Pyongtaek hasta Wonpo-ri, pasando por Wonju. En esta posición, la defensa estaría bien cohesionada y los flancos mejor cubiertos.

Para los chinos las cosas empezaban a complicarse. El mariscal Peng intentaba hacer ver a un eufórico Mao la realidad de la situación, con escaso éxito. Mao quería alcanzar rápidamente objetivos que estaban muy por encima de sus auténticas capacidades. La sucesión de ofensivas no había logrado destruir a los norteamericanos y, cuanto más avanzaban hacia el sur, más se complicaba su ya de por sí pobre logística. Apenas contaban con camiones, que solo podían circular de noche, y aún así eran diezmados por la aviación aliada. Los suministros que llegaban a las tropas estaban por muy debajo de las necesidades mínimas y resultaba imposible abastecerse sobre el terreno. Pero la presión de los soviéticos, los norcoreanos y el propio Mao forzó a Peng, por razones estrictamente políticas e ideológicas, a seguir atacando contra todo criterio militar.

Los ataques continuaron, y los comunistas lograron tomar Wonju el día 7, obligando a retirarse a lo que quedaba de la 2ª División norteamericana. La peligrosa penetración fue sellada por la división de *marines*, que destruyó a una división norcoreana. Las pésimas condiciones meteorológicas y la pobre logística de las tropas comunistas, unido a la enorme potencia de fuego de la artillería de la ONU, fueron decisivas para neutralizar la ofensiva. Ridgway, obsesionado por restablecer la autoconfianza de sus tropas, planeó un reconocimiento en fuerza utilizando elementos de la 3ª y 25ª Divisiones, así como elementos surcoreanos (Operación *Wolfhound*), que comenzó el 15 de enero. Como resultado de la misma, se establecieron posiciones defensivas a lo largo del río Chinwi, al sur de Osan, y, mucho más importante, se recuperó el espíritu ofensivo y la moral.

Arriba. Un reactor en fase de apontaje sobre un portaaviones, la maniobra más difícil de la aviación aeronaval.

Abajo. Pieza de campaña británica de 25 libras, abandonada en su pozo de tirador.

A finales de enero, los efectivos de la ONU ascendían a 178.000 norteamericanos, 223.000 surcoreanos y otras unidades de un total de 19 países, organizados en cinco cuerpos. En general, los surcoreanos defendían el terreno más abrupto, al este, mientras que los americanos se ocupaban del sector occidental, más llano, donde poder utilizar con ventaja su mayor

MATTHEW RIDGWAY

Ridgway, veterano de operaciones aerotransportadas, era sin duda mucho más capaz que su desventurado antecesor. Comenzó a reemplazar a los jefes de división y cuerpo que consideraba no estaban a la altura. Consciente de que no dispondría de medios ilimitados, se dispuso a aprovechar la enorme ventaja en artillería norteamericana y pidió el envío de diez batallones de la Guardia Nacional, para ahorrar vidas propias y pulverizar al enemigo desde larga distancia.

Ridgway parecía estar en todos los frentes a la vez, conociendo la realidad por sus propios ojos. Realizó innumerables vuelos de reconocimiento en avioneta para obtener información de primera mano del enemigo invisible. Se hizo una imagen veraz de los soldados chinos, buenos soldados sin duda, pero provenientes de un país pobre con recursos muy limitados, tanto en municiones, alimentos, como en comunicaciones. Ello les impelía a una rigidez táctica que provocaba bajas desproporcionadas.

Su estrategia se basaría no en conquistar terreno por sí mismo, sino en seleccionar posiciones clave, afianzarse en ellas y pulverizar al enemigo que tratara de infiltrarse, salvaguardando las vidas propias y desangrando a los chinos. Éstos utilizaban una táctica simple, cercar una unidad, hacer que entrara en pánico y provocar su desbandada, para diezmarla en la retirada. Algo muy fácil con un ejército tan dependiente de la logística como el estadounidense, en las tortuosas carreteras coreanas. Ridgway le dio la vuelta a todo esto.

movilidad y potencia de fuego. Frente a ellos se alineaban unos 300.000 chinos y norcoreanos. Además, había más de 30.000 guerrilleros comunistas tras las líneas de la ONU. A pesar de las enormes bajas, no les faltaba a los chinos material humano, pero la pobreza logística constituía un problema insuperable para ellos.

El 20 de enero, Ridgway expuso su siguiente movimiento, la operación *Thunderbolt*, mediante la que dos divisiones realizarían movimientos destinados a dislocar a las tropas comunistas al sur del río Han, evitando enfrentamientos a gran escala. Las operaciones basadas en avances limitados sobre objetivos geográficos concretos, apoyados por grandes reservas, se convertirían en una constante en Corea desde entonces. El día 25 de enero comenzó la primera fase, que logró un avance de 35 km en dirección a Seúl. Con un fuerte apoyo aéreo, las tropas de la ONU obligaron a los chinos a retroceder, y capturaron Suwon, al norte de Osan. El día 29 las operaciones se generalizaron a todo lo largo del frente occidental, siendo reconquistados Hoengsong y Wonju. Un notable combate tuvo lugar por el control de la cota 180, que cayó tras una carga a la bayoneta por parte de la compañía «E» del 27º de Infantería, al mando del capitán Miller (acción por la que recibió la Medalla de Honor). La 25ª División reconquistó Inchon y el aeródromo de Kimpo. Ridgway quiso extender la ofensiva al sector central, sin éxito, mediante la fallida operación *Roundup*.

A lo largo de febrero ambos contendientes se enfrentaron en una serie de batallas en el sector conocido como el corredor central de Corea. Ridgway deseaba ahora el enfrentamiento, convencido de que podía desangrar al enemigo, obligándolo a atacar posiciones bien establecidas con un poderoso apoyo artillero.

Los helicópteros demostraron en Corea que eran un elemento clave en el campo de batalla moderno.

Tras ser rechazados en Wonju, durante la noche del 11 al 12 de febrero, siete divisiones comunistas atacaron en el sector central, arrollando a varias divisiones surcoreanas, y logrando tomar la ciudad de Hoengsong dos días después. Los chinos atacaron después al X Cuerpo, y una dura batalla tuvo lugar alrededor de Chipyongni, punto clave para bloquear la ruta al río Han, donde quedaron aislados el 23º de Infantería y un batallón francés, en total unos 5.400 hombres, que, con un fuerte apoyo aéreo, soportaron el ataque de cinco divisiones chinas, apoyadas por artillería. Durante dos noches consecutivas, los chinos fueron rechazados sufriendo casi 10.000 bajas.

Los aliados habían contado con diez preciosos días para fortificarse y seleccionar un campo de batalla ideal para su superioridad en artillería y aviación. Incluso construyeron una rudimentaria pista de

EL VALLE DE LA MASACRE

Roundup acabó en desastre. Dos divisiones surcoreanas, dos regimientos de la 2ª de Infantería y un regimiento aerotransportado se enfrentaron a cuatro divisiones chinas, que les dejaron progresar inicialmente. El 11 de febrero tres divisiones chinas contraatacaron y las divisiones surcoreanas simplemente se desvanecieron. Los norteamericanos trataron de replegarse, al quedar sus flancos desguarnecidos, pero se vieron encerrados en una estrecha carretera que pronto quedó bloqueada. Un batallón holandés cubrió la retirada hasta que fue a su vez arrollado. En total los aliados sufrieron más de 2.000 bajas (y 10.000 surcoreanos), y perdieron veinte piezas de artillería. Un mes después, los *marines* descubrieron en un valle los cadáveres de más de 300 soldados sin enterrar, que habían luchado hasta el último momento. Los *marines* lo llamaron Valle de la Masacre.

Arriba. Cañón soviético de 76,2 mm, de las fuerzas comunistas, fuera de combate. Stalin deseaba una Corea comunista unificada y dependiente, poderosa para hacer frente a Japón, tradicional enemigo de Rusia y que, sin duda, pronto sería rearmado por Estados Unidos. Como desconfiaba de Mao, una guerra entre China y Estados Unidos le convenía enormemente.

Abajo. Soldados británicos construyendo fortificaciones de campaña.

aviación para evacuar las bajas. El suministro aéreo funcionó a la perfección. Era la materialización del escenario que Ridgway deseaba.

Finalmente, una columna de refuerzo del 5º de Caballería logró romper el cerco, el 15 de febrero. Se componía de 23 carros *Patton*, tres batallones de infantería, dos de artillería y una compañía de ingenieros. La marcha de la columna resultó un tanto accidentada y controvertida, pues sufrió bajas innecesarias al exponer al fuego chino a los infantes transportados sobre los carros para acelerar la marcha. Las bajas finales de la ONU ascendieron a 404, mientras que las chinas más de 15.000.

El 15 de febrero, el frente se había estabilizado, fruto de la superioridad artillera y aérea, y de los agresivos contraataques de las tropas de la ONU. El día 18 las unidades comunistas comenzaron a retirarse hacia el norte, abandonando el terreno ganado a costa de tantas bajas. El día 28 los aliados habían eliminado todas las fuerzas comunistas al sur del río Han. La lucha por el corredor central había terminado. Los chinos habían sufrido más de 20.000 bajas, sin haber logrado sus objetivos.

El 7 de marzo comenzó la nueva ofensiva de Ridgway, la operación *Ripper*, con uno de los mayores bombardeos artilleros de la guerra. El día 15 Seúl cambió de manos por cuarta y última vez. El día 22, Chunchon fue capturado, representando el mayor avance de la ofensiva (que alcanzó una produndidad de unos 50 km), pero no se logró eliminar una cantidad sustancial de tropas enemigas, el principal objetivo de la operación. Otro intento de atrapar tropas comunistas tuvo lugar utilizando a los paracaidistas del 187º Regimiento, también sin resultado. Los últimos días del invierno vieron a las tropas de la ONU presionando hacia el norte, para ganar terreno en previsión de la más que probable ofensiva comunista de primavera.

El 10 de abril el presidente Truman reemplazó a MacArthur, harto de sus continuos desafíos, y, aunque la tormenta política fue considerable, el impacto sobre las operaciones fue mínimo. A pesar del éxito innegable de Inchon, MacArthur era demasiado viejo, demasiado inflexible, demasiado engreído y demasiado influenciado por una visión del mundo alejada de la realidad, como para ser el responsable directo de las operaciones en Corea.

La noche del 22 de abril comenzó la quinta ofensiva china de la guerra. Nuevamente el colapso de una división surcoreana abrió una peligrosa brecha, que fue paliada por el esfuerzo de tropas norteamericanas y británicas. Durante esta fase el regimiento *Gloucestershire* combatió heroicamente en las orillas del Imjin, aunque resultó virtualmente aniquilado, sufriendo más de 600 bajas, entre muertos, heridos y prisioneros.

A pesar de la enorme potencia de fuego de la artillería aliada, las penetraciones comunistas a lo largo de la línea se multiplicaban y forzaban una retirada tras otra, poniendo en peligro Seúl de nuevo. Pero, a finales de mes, el esfuerzo comunista estaba ya agotado.

Arriba. Buena parte de los soldados estadounidenses pasaron en muy poco tiempo de novatos a veteranos. La mayor parte de los que no lo hicieron, murieron.

Abajo. La climatología y la orografía convertían la movilidad en un problema real y diario.

CENTURION MK III

El *Centurion* británico se convirtió en el primer MBT de la posguerra y fue adquirido por numerosos países. La versión Mk III tenía numerosas mejoras, como un motor más potente, una nueva mira y un estabilizador, lo que mejoraba su probabilidad de impacto, con el cañón de 20 libras (94 mm).

Tres escuadrones de *Centurion* llegaron a Corea el 14 de noviembre de 1950, encuadrados en el 8º Húsares británico. Resultaron muy superiores a los T-34/85 coreanos, pero se emplearon fundamentalmente como apoyo a la infantería, distinguiéndose en la batalla del Im-jin.

Pesaba 50 toneladas y su blindaje máximo frontal era de 152 mm, lo que lo hacía prácticamente invulnerable, a distancias de combate habituales, al T-34 y los lanzacohetes chinos. La velocidad máxima era de tan solo 35 km/h, pero resultó muy ágil en el difícil terreno montañoso coreano. La dotación, de cuatro hombres, ocupaba unas posiciones muy ergonómicas. El mantenimiento, por el contrario, era complejo y requería un equipo bien entrenado.

LA BATALLA DEL IM-JIN

La 29ª Brigada contaba con unos efectivos de 8.000 hombres (distribuidos en tres batallones británicos y uno belga) y 70 carros de combate, al mando del brigadier Tom Brodie, con la misión de bloquear la antigua ruta de invasión hacia Seúl, a lo largo del río Imjin. Ésta se desplegó a lo largo de un frente de 13 kilómetros, con el regimiento Gloucestershire en línea, a la izquierda, el batallón belga a la derecha, apoyado por el regimiento de Fusileros del Ulster, y, en la retaguardia, el regimiento *Nothumberland*. Los carros *Centurion* del 8º de Húsares estaban al norte y, como apoyo artillero, las 24 piezas de 25 libras del 45º Regimiento de Artillería.

Tras varias escaramuzas, en la noche del 22 al 23 de abril, los chinos atacaron en gran número (con efectivos de al menos dos divisiones), arrollando los puestos de avanzada y cruzando el río por algunos vados desconocidos para los británicos. A pesar de una la tenaz resistencia, los chinos lograron hacerse con el control de una colina de vital importancia, para perderla ante un decidido contraataque británico.

Al amanecer la artillería y la aviación aliadas pudieron actuar con eficacia y los chinos se replegaron. Al anochecer se repitió el ataque en masa, que logró penetrar en varios puntos, y aisló al batallón británico al amanecer. Tras furiosos combates cuerpo a cuerpo, constantes salvas de artillería y la intervención esporádica de aviones lanzando napalm, los supervivientes británicos se replegaron, cubiertos por el tiro directo de los carros *Centurion*. De los 657 efectivos iniciales solo volvieron 63. Pero los chinos habían sufrido 11.000 bajas, el 40% de los efectivos empeñados.

En esta ofensiva habían participado unos 300.000 soldados chinos, que resultaron diezmados, logrando tan solo éxitos locales que en modo alguno compensaban el sangriento sacrificio exigido.

A primeros de mayo de 1951 los norteamericanos intentaron una nueva progresión hacia el norte, pero se toparon con una nueva ofensiva china el 16 de mayo. Tras destruir dos divisiones surco-reanas, los chinos penetraron más de 50 kilómetros en el sector oriental, hasta ser detenidos por la reconstruida 2ª División de Infantería.

CHOPPERS

El uso de los helicópteros fue otra gran novedad de la guerra. Aunque ya los alemanes habían comenzado a utilizarlos durante la Segunda Guerra Mundial, en la Guerra de Corea su uso comenzó a ser masivo, demostrando su versatilidad. La evacuación de bajas era una prioridad, lle-

vada a cabo por los *Sikorsky* H-5, los Bell OH-13 y los *Hiller* H-23. Los *Sikorsky* H-19 y H-5 se utilizaron profusamente para el rescate de pilotos tras las líneas enemigas, así como los HO3S de la *US Navy*. También fueron utilizados como centros de mando y control, y los H-19 como transporte de tropas y material.

La denominación de *chopper*, con la que pronto fueron conocidos genéricamente, deriva del ruido que hacían los ejempla-

res bipala con el giro del rotor (*chop-chop-chop*).

El *Sikorsky* H-5 se convertiría en un elemento casi icónico de la guerra de Corea. Con capacidad para cuatro pasajeros, podía transportar dos camillas cubiertas en el exterior. Su velocidad máxima era de 170 km/h y tenía una autonomía de 500 kilómetros.

El H-19 era un helicóptero mucho más grande y potente, con capacidad para diez soldados o bien ocho camillas. Podía alcanzar los 160 km/h aunque la velocidad de crucero era de 130 km/h. Su autonomía era de 700 kilómetros. Recién entrado en servicio cuando estalló la guerra, resultó un aparato muy polivalente y fiable.

El *Bell H-13 Sioux* era un pequeño aparato biplaza y bipala, que entró en servicio en 1947. Tenía una característica cabina de burbuja, un puro de cola con tubos a la vista y un tren de aterrizaje de patines. Se utilizó en misiones de enlace, observación y rescate. El *Hiller H-23* tenía una configuración y prestaciones similares y se utilizó en misiones semejantes.

De nuevo, la combinación de fuertes bajas y pobre logística hizo que la ofensiva china perdiera ímpetu tras los dos primeros días y el frente se estabilizó. A finales de mes, una nueva contraofensiva de la ONU recuperó gran parte del terreno perdido e infligió fuertes bajas a los chinos.

A lo largo del mes de junio, el frente por fin se estabilizó y los norteamericanos comenzaron a establecer defensas permanentes (la denominada línea *Kansas*) a lo largo del paralelo 38. Ambos bandos deseaban acabar con la sangría, pero ninguno sabía cómo hacerlo. El 1 de junio, Dean Acheson, el Secretario de Estado estadounidense, había declarado la voluntad norteamericana de aceptar una línea de alto el fuego alrededor del paralelo 38. Las fuerzas aéreas desarrollaron una intensa actividad de interdicción detrás de las líneas enemigas (Operación *Strangle*), dificultando, aún más, el abastecimiento de las unidades comunistas de primera línea.

En el sector occidental la línea del frente se extendía, a lo largo del estuario del Han, justo al sur del paralelo 38, siguiendo hacia el noreste al sur del Triángulo de Hierro, se curvaba alrededor del pantano de Hwanchon (controlada por la ONU) y se anclaba en el Mar Amarillo, a unos 70 km al norte del paralelo 38. Pocas modificaciones ha habido desde entonces.

Un avión de ataque AD-4 despegando desde la cubierta del portaaviones USS Valley Forge, cuya presencia resultó decisiva en los primeros y dramáticos meses del conflicto coreano.

LOS AÑOS DE ESTANCAMIENTO

Un año de sangrientos combates había convencido a los líderes mundiales de la imposibilidad de lograr una victoria total en Corea, al demostrarse demasiado costosa, y con el riesgo adicional de conquistar Corea del Sur, ni los norteamericanos querían eliminar físicamente a Corea del Norte.

Había triunfado el concepto de guerra limitada, algo que se ha mantenido en la estrategia norteamericana desde entonces. Esto tuvo consecuencias directas para el ejército. Desde abril de 1951 se estableció un sistema de rotación de las tropas, por el que permanecerían un tiempo limitado en el escenario para ser sustituidas por personal inade-

El uso de cornetas por parte de los chinos tuvo inicialmente un severo efecto moral en los aliados, pero en realidad solo mostraba lo primitivas que eran sus comunicaciones.

cuadamente entrenado, en número siempre insuficiente para las necesidades militares. La vuelta al hogar de los soldados también supuso una fuente de problemas, algo que se vería exacerbado en Vietnam.

Las tropas de la ONU habían aprendido a contrarrestar la táctica china de furiosas ofensivas de corta duración, y las tropas surcoreanas habían salido notablemente reforzadas del conflicto. Había, sin embargo, puntos de fricción como consecuencia del sistema de mantenimiento de fuerzas establecido, mediante el cual los norteamericanos equipaban a los soldados de otras naciones participantes y éstas, a cam-

FUERZAS DE LA ONU

La guerra de Corea enfrentó a los ejércitos de Corea del Norte, China y, extraoficialmente, la URSS, contra un contingente de la ONU formado por unidades de diversos países. Estados Unidos aportó la mayor parte, con mucho, de efectivos, pero la lista de combatientes en el bando de la ONU incluye a Reino Unido, Australia, Nueva Zelanda, Francia, Canadá, Bélgica, Luxemburgo, Colombia, Filipinas, Grecia, Turquía, Holanda, Etiopía, India, Suecia, Tailandia y Unión Sudafricana. Otra docena de países aportó apoyo médico (entre ellos España) y logístico.

bio, pagaban 14,70 dólares por hombre y día. Este hecho llevó a situaciones absurdas, como cuando la artillería filipina se mostró renuente a proporcionar fuego de apoyo a la brigada turca, fuertemente presionada, con el argumento del elevado precio que la munición suponía para su pobre país.

El 23 de junio el embajador soviético en la ONU solicitó abrir negociaciones para lograr un alto el fuego. Las bajas comunistas habían sido enormes desde abril (más de 200.000 hombres) y su capacidad de establecer operaciones ofensivas había disminuido notablemente. El 2 de julio los chinos y norcoreanos aceptaron finalmente el alto el fuego, y las conversaciones comenzaron en Kaesong, antigua capital de Corea, sin lograr inicialmente nada positivo.

Existían inicialmente diferencias casi insalvables respecto al no reconocimiento mutuo, la hostilidad ideológica y la desconfianza, la negativa de las dos Coreas a admitir la existencia de la otra, y la compleja cuestión de la repatriación de los prisioneros. Las negociaciones se prolongarían eventualmente a lo largo de otros dos años, en los que habría absurdos y sangrientos combates por el control de puntos geográficos de mínima importancia táctica y menos estratégica.

Mientras las conversaciones de paz tenían lugar, para el soldado del frente, a pesar de las esperanzas iniciales, seguirían dos años de duros combates por el control de puntos ignotos de importancia irrelevante, salvo para los estrategas de salón. 554.000 soldados de la ONU (253.000 norteamericanos, 273.000 surcoreanos y 28.000 de otros 18 países) se enfrentaban a 460.000 chinos y norcoreanos.

Arriba. Entrenándose en el manejo del lanzagranadas, de 3,5 pulgadas, mucho más eficaz contra los carros soviéticos.

Abajo. El F9F *Panther* estaba limitado para misiones de ataque por su escasa autonomía, pero podía llevar hasta 1.500 kilogramos de bombas y cohetes en ocho puntos bajo las alas. Sus cuatro cañones de 20 mm en el morro le conferían una potencia de fuego considerable.

Las conversaciones de alto el fuego no lograron ningún avance durante el verano debido a la incapacidad para establecer un acuerdo sobre la línea de alto el fuego, ya que mientras los chinos querían restablecer la frontera anterior a la guerra, la ONU pretendía mantener la línea actual, mucho más favorable para la defensa. El 23 de agosto los chinos se levantaron de la mesa de negociaciones. La guerra proseguía.

Tanto para ganar superioridad moral y política sobre los comunistas como para mejorar las posiciones defensivas, las tropas de la ONU desencadenaron una ofensiva a finales de julio. La lucha principal se desarrolló alrededor de lo que se conocería como *Bloody Ridge*, una sucesión de tres colinas al sudeste del *Punchbowl*. Tras varias semanas de sangrientos combates, en que las posiciones cambiaron de manos varias veces, tras sufrir más de 15.000 bajas, los norcoreanos abandonaron las posiciones. Las tropas de la ONU habían sufrido más de 2.700 bajas. La línea del frente retrocedió poco más de un kilómetro a unas colinas que se conocerían como *Heartbreak Ridge*.

Arriba. Sherman M4A3E8 avanzando por una de las tortuosas «carreteras» de montaña coreanas.

Abajo. El Mig-15 era muy robusto. Varios impactos de cañón podían derribarlo, pero las ametralladoras de 12.7 mm eran mucho menos letales. Un Mig con un piloto soviético aterrizó en su base con 150 impactos de 12,7 mm

El 13 de septiembre comenzó una batalla que se prolongó hasta el día 27, caracterizada por sucesiones de barreras artilleras y asaltos durante el día, y contraataques nocturnos a cargo de los norcoreanos, que provocaron un enorme número de bajas en ambos bandos. Finalmente, tras emplear de forma agresiva los *Sherman* del 72º Regimiento Acorazado en una incursión para aislar a las tropas norcoreanas, durante la cual una división de refresco comunista fue cogida por los carros en un valle y aniquilada. El 13 de octubre, los franceses capturaron la última posición comunista sobre el risco. La 2ª División norteamericana había sufrido casi 4.000 bajas, mientras que las pérdidas comunistas se acercaban a las 25.000.

El 25 de octubre las conversaciones de paz comenzaron de nuevo en Panmunjon, a 10 km de Kaesong, con posiciones mucho más cercanas que antes. A lo largo de octubre, el frente se enfrió, hasta que, tras alcanzar un preacuerdo sobre la línea de alto el fuego el día 27 de noviembre, se suspendieron las operaciones ofensivas por parte de la ONU.

CARROS DE COMBATE ESTADOUNIDENSES

Estados Unidos entró en guerra con carros provenientes de la Segunda Guerra Mundial, que serían complementados con un nuevo modelo, el M-46, muy superior a cualquier modelo comunista. Sin embargo, Corea no era un escenario propicio para grandes operaciones acorazadas y su principal papel sería el de apoyo a la infantería y como artillería de campaña.

M 24 CHAFFEE

Un carro ligero ya obsoleto en el escenario europeo, en condiciones ideales podía ser utilizado en misiones de reconocimiento (aunque su autonomía era escasa), pero nunca contra otros carros. Su mecánica era poco fiable y tendente a averías.

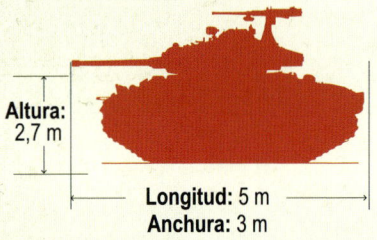

Altura: 2,7 m
Longitud: 5 m
Anchura: 3 m

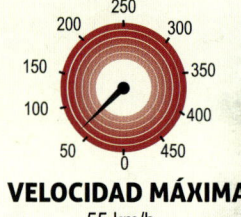

VELOCIDAD MÁXIMA
55 km/h

AUTONOMÍA	TRIPULACIÓN	ARMAMENTO	PROTECCIÓN	PESO
160 km	5	1 x 75 mm (48 proyectiles) 2 x 7,62 mm 1 x 12,7 mm	Frontal máx 38 mm Lateral máximo: 25 mm	20 tm

M4A3E8 SUPER SHERMAN

La última versión del carro medio estadounidense tenía muchas mejoras, como una suspensión eficaz en todo terreno, una mejor protección y un cañón contracarro aceptable, Pero, aún así, resultaba sobre el papel inferior al T-34/85

Altura: 3 m
Longitud: 6,1 m
Anchura: 3 m

VELOCIDAD MÁXIMA
45 km/h

AUTONOMÍA	TRIPULACIÓN	ARMAMENTO	PROTECCIÓN	PESO
200 km	5	1 x 76 mm (70 proyectiles) 2 x 7,62 mm 1 x 12,7 mm	Frontal máx 76 mm Lateral máximo: 50 mm	32 tm

M 26 PERSHING

Un modelo que había entrado en servicio al final de la guerra para enfrentarse a los carros pesados alemanes, resultó muy eficaz en Corea. Bien armado y protegido, era muy superior al T-34.

Altura: 2,8 m

Longitud: 6,3 m
Anchura: 3,5 m

VELOCIDAD MÁXIMA
45 km/h

AUTONOMÍA	DOTACIÓN	ARMAMENTO	PROTECCIÓN	PESO
160 km	5	1 x 90 mm (70 proyectiles) 2 x 7,62 mm 1 x 12,7 mm	Frontal máxima 102 mm Lateral máxima 76 mm	42 tm

M 46 PATTON

La evolución natural del M-26 Pershing, corregía muchas de las limitaciones mecánicas de éste, aunque ya se consideraba un modelo de transición hasta la aparición de los M-47 y M-48. Resultó el carro más potente en Corea, utilizado en muchas ocasiones como búnker móvil a artillería de campaña, ante la falta de carros enemigos.

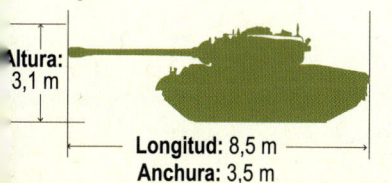

Altura: 3,1 m

Longitud: 8,5 m
Anchura: 3,5 m

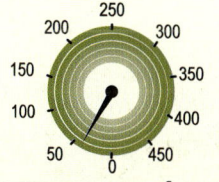

VELOCIDAD MÁXIMA
42 km/h

PROTECCIÓN
Frontal máxima 102 mm
Lateral máxima 76 mm

PESO
48 tm

AUTONOMÍA	DOTACIÓN	ARMAMENTO
130 km	5	1 x 90 mm 2 x 7,62 mm 1 x 12,7 mm

Entre diciembre y febrero fueron retiradas la 1ª División de Caballería y la 24ª de Infantería, siendo reemplazadas por dos divisiones de la Guardia Nacional. El nivel de combate descendió al mínimo en el invierno, mientras las discusiones en Panmunjon tenían lugar. Un punto crítico fue la cuestión de los prisioneros, pues, aunque ambos bandos se adherían a la Convención de Ginebra, había surcoreanos que habían sido obligados a reforzar las tropas del norte, mientras que muchos prisioneros chinos y norcoreanos no deseaban volver al régimen comunista. Tras el trato dado a los prisioneros soviéticos por Stalin tras la guerra, Truman no quería que se repitiesen las ejecuciones y encarcelamientos y comenzó un largo debate. Mientras, en los campos de prisioneros tenían lugar enfrentamientos internos y sangrientas revueltas, que produjeron momentos de tensión y escándalo. El punto álgido tuvo lugar cuando los agitadores comunistas internados tomaron como rehén al general Dodd en Koje-do, al que liberaron tras obtener vergonzosas concesiones sobre la repatriación.

Mientras transcurrían las conversaciones de paz ambos bandos consolidaron sus posiciones, que, en el caso de la ONU, consistían en una cadena de bunkers, posiciones de artillería y trincheras de una costa a otra. A causa de su inferioridad artillera, las defensas del norte eran más sólidas y trabajadas, con múltiples refugios subterráneos y cuevas excavadas en las laderas de las colinas, con bunkers capaces de aguantar impactos directos de 105 mm, y con una gran profundidad de la línea defensiva, que alcanzaba hasta 35 km en algún sector. 900.000 soldados comunistas se enfrentaban a casi 700.000 de la ONU. Las tropas del norte habían doblado el número de piezas de artillería y mejorado notablemente su capacidad logística. Así las cosas, ningún bando deseaba emprender grandes ofensivas que causaran un elevado número de bajas, y los combates se reducían a patrullajes

GUERRA NAVAL

Un aspecto poco mencionado habitualmente es el de las operaciones navales, a excepción de los aviones basados en portaaviones. Fueron muy intensas, y vitales para el mantenimiento de las operaciones de las fuerzas de la ONU. De hecho, la *US Navy* perdió cinco buques por acción de las minas, y muchos más fueron dañados por minas o por baterías costeras (entre ellos más de 30 destructores). Al principio de la guerra fueron las minas las principales responsables, pero, a partir de 1951, las baterías costeras, de calibres entre 76 y 105 mm fueron las que causaron el mayor número de daños, muchos de ellas situadas en la zona de Wonsan.

Arriba. Pieza de campaña británica de 25 libras. El suministro de munición, como se aprecia en la imagen, era generoso. La superioridad artillera de la ONU sería clave a lo largo de todo el conflicto.

Página anterior, arriba. Infantes protegiéndose del fuego de artillería. El batallón francés que luchó en los Túneles Gemelos estaba constituido mayoritariamente por veteranos de la Legión Extranjera, al mando del carismático teniente coronel Monclar (en realidad, general, veterano de las dos guerras mundiales). Los norteamericanos que estaban a su lado sentían una gran confianza con su presencia.

más o menos agresivos para capturar prisioneros y bombardeos artilleros. A veces, sin embargo, las operaciones para controlar una pequeña colina sin nombre ni importancia acababan degenerando en una auténtica batalla con un elevado número de bajas. La atrición constante y la pérdida de la iniciativa eran una fuente de preocupación para los mandos de la ONU, y, en ese marco, se lanzó la operación contra *Triangle Hill*, para retomar la iniciativa, y apoyar militarmente las negociaciones de paz. Lo que debía ser una operación limitada, provocó, tras unas semanas de lucha que no consiguieron dar el control de la colina a la ONU, 9.000 bajas aliadas y más de 19.000 chinas.

Tras un verano de continuos pequeños y sangrientos combates, ambos bandos se prepararon para otro invierno coreano. El sistema de rotación de hombres norteamericano hacía que el nivel medio del combatiente estadounidense fuese inferior al norcoreano o chino, y que cada vez dependiese más del apoyo aéreo o artillero, a la vez que se hacían más conservadores y menos proclives a asumir riesgos, en una guerra que cada vez entendían menos.

Con la llegada de Eisenhower a la presidencia en enero de 1953 se produjo una situación inicial de incertidumbre en las negociaciones, ya que, aunque había prometido acabar con la guerra, se temía que un general de cinco estrellas del partido republicano fuese más agresivo que su predecesor y buscase una victoria militar. La muerte de Stalin en marzo provocó que el Kremlim buscase un enfriamiento de los conflictos internacionales durante un tiempo, presionando para llegar a un acuerdo de paz. También Mao se enfrentaba a conflictos internos y deseaba acabar la guerra cuanto antes. Tras seis meses de silencio, el 26 de abril se reanudaron las conversaciones de paz en Panmunjon, que comenzaron con un intercambio de prisioneros.

En paralelo, las tropas comunistas desencadenaron una intensa actividad para conquistar terreno y obtener una posición más ventajosa en la mesa de negociaciones. Un ejemplo de tales actividades lo constituyó la lucha por la denominada *Old Baldy*, un antiguo campo de batalla en el que una compañía colombiana fue arrollada por los chinos, que permanecieron en ella a pesar de los esfuerzos norteamericanos por reconquistarla. El nuevo comandante del VIII Ejército, el general Maxwell D. Taylor, antiguo jefe de una división aerotransportada en la Segunda Guerra Mundial, decidió suspender los combates a pesar de infligir un elevado número de bajas a los chinos, ante lo costoso de los inútiles ataques.

La mayor ofensiva china desde el verano de 1951 tuvo lugar en *Pork Chop Hill*, una colina sin importancia guarnecida por dos secciones de la 7ª División de Infantería, en total 96 hombres. La noche del 16 de abril comenzaron una serie de ataques y contraataques por el control de la colina, que se convirtió en un objetivo político que poder usar en la mesa de negociaciones. Tras cinco intensos días los chinos se replegaron, pero los ataques se prolongaron durante el verano. El 16 de julio, finalmente, tras aguantar oleadas humanas repetidas, con intensísimos bombardeos, y ante las elevadísimas bajas, Taylor decidió abandonar una colina insignificante que no merecía la vida de tantos de sus hombres. Dos días después de la retirada en esa colina, seis divisiones chinas atacaron en el sector de Kumsong, logrando ganar unos kilómetros. Los dos últimos meses habían significado más de 53.000 bajas de la ONU y de 100.000 chinas. El 20 de julio se alcanzó finalmente un acuerdo de armisticio que fue firmado una semana después. A las 22 horas del 27 de julio de 1953 la guerra de Corea había acabado.

Arriba. Las visitas de celebridades del deporte y de Hollywood servían para mantener la moral de las tropas.

Abajo. La logística de la ONU era impresionante. Por el contrario, Peng contaba como máximo con 300 camiones, que solo podían recorrer, con los faros apagados entre 30 y 40 kilómetros cada noche. La base del suministro eran los porteadores a pie. Los alimentos que recibían los chinos solo cubrían la cuarta parte de sus necesidades.

La guerra en el aire

L a guerra de Corea abrió el debate sobre si la aviación era capaz de ganar una guerra, en vista de las experiencias de cinco años atrás (debate que continuó hasta la guerra de Kosovo). Como gran novedad, se desarrollaron los primeros combates entre reactores. Los avances tecnológicos propiciaron un escenario nuevo que bien merece un capítulo aparte.

A pesar de la enorme superioridad aérea de las fuerzas de la ONU, inicialmente hubo mala coordinación con las tropas de tierra, que se fue mejorando a lo largo de la contienda, hasta alcanzar un alto nivel. Fue decisivo el papel jugado por los cazabombarderos. Inicialmente se utilizaron los F-51 y F4U *Corsair*, de pistón, pero pronto se complementaron (o sustituyeron) con los F80 *Shooting Star*, F-84 *Thunderjet* y F9F *Panther*. Los bombarderos medios B-26 *Invader* también se mostraron devastadores en misiones de interdicción. No fue un escenario propicio para las grandes formaciones de bombarderos, ya que no había grandes blancos que atacar, algo que sería la constante en Vietnam años después. Se demostró como una tarea particularmente difícil la interrupción del flujo de refuerzos por parte de un enemigo escurridizo y que contaba con métodos primitivos y logística pobre. La confirmación de este hecho se evidenció durante la operación *Strangle*, un intento sistemático de aislar a las tropas de primera línea cortando los suministros, que se prolongó desde junio de 1951 hasta el verano siguiente.

Las tres cuartas partes de la capacidad de bombardeo basada en tierra y la totalidad de

Arriba. El F-84 resultó mucho más eficaz y versátil que su inmediato predecesor, el F-80.

Abajo. Dotación de un A-26 *Invader*, uno de los aviones de interdicción más eficaces de la ONU.

los aparatos de portaaviones se destinó a esta tarea, día y noche, sin poder impedir que, incluso durante los días de máxima actividad, no menos de 1.000 toneladas de suministros cruzaban el Yalu diariamente. El precio pagado por la aviación fue alto: 343 aparatos derribados y 290 con graves daños. La razón de esto hay que buscarla en la dificultad para encontrar blancos de entidad, la extraordinaria labor de la población civil para reparar los daños de forma inmediata, y las escasas necesidades logísticas de una división china (50 toneladas diarias, frente a más de 600 de una norteamericana).

El nivel medio de los pilotos aliados era muy alto. El 68% de las dotaciones norteamericanas superaba los 28 años, y había volado una media de 18 misiones en la Segunda Guerra Mundial. Las tácticas empleadas por los pilotos de caza eran similares a las utilizadas en la guerra que, a su vez, derivaban de las empleadas por la *Luftwaffe*. Fue notorio el esfuerzo por rescatar a los pilotos derribados, lo que contribuyó notablemente a elevar la moral. Fue una novedad el uso de los aviones navales operando desde portaaviones que navegaban muy cercanos a tierra, incrementando con ello su radio de acción y las opciones de volver a casa cuando resultaban dañados.

El primer combate aéreo entre reactores tuvo lugar el 8 de noviembre de 1950, cuando cuatro MiG-15, con pilotos soviéticos, interceptaron a cuatro F-80. En el combate que siguió los norteamericanos reclamaron el derribo de un MiG pero los soviéticos niegan pérdida alguna ese día. El nuevo reactor MiG-15 se reveló como un aparato muy robusto. En una ocasión uno de ellos aterrizó sin problemas tras recibir 150 impactos del calibre 50. Fue utilizado también por los pilotos chinos, que tuvieron su bautismo de fuego el 28 de diciembre. El primer MiG derribado con certeza lo fue por un *Panther*, el 9 de noviembre.

El enfrentamiento entre el MiG 15 y el F86 *Sabre* captó la imaginación popular. En noviembre de 1950 aparecieron los primeros MiG-15, en número de 50 aparatos, que alcanzaron los 445 seis meses después, inicial-

SUPERFORTALEZAS VOLANTES B-29 EN COREA

Los objetivos en Corea estaban fuera del radio de acción de los B-29 basados en Guam. Todos los aparatos disponibles se trasladaron a las bases estadounidenses en Okinawa, que, si bien permitía operar a los bombarderos contra Corea, también los ponía al alcance de aviones basados en China. Así y todo, eran menos vulnerables que en los aeródromos japoneses.

Al atardecer del 28 de junio cuatro B-29 bombardearon objetivos de oportunidad en las carreteras y vías de ferrocarril coreanas. Era el principio de un uso un tanto extraño de un bombardero estratégico. Pero, a lo largo de los tres años que duraría el conflicto, tan solo en 26 días no realizarían los B-29 alguna misión sobre Corea, aunque la mayoría de reconocimiento. Con la aparición de los cazas a reacción, los días de los bombarderos a pistón habían pasado a la historia.

mente con pilotos soviéticos. En 1953 eran ya 830. El aparato soviético tenía mayor techo operativo y mayor velocidad que el *Sabre*, pero era más inestable. El *Sabre* se reveló como más estable a gran altitud, pero con un armamento inadecuado, tanto en alcance como en potencia de fuego. El MiG-15 tenía más potencia de fuego, pero era más difícil de controlar y requería pilotos experimentados para aprovechar sus capacidades. Además, prevalecía con frecuencia la gran calidad de los pilotos norteamericanos.

Las fuerzas de la ONU derribaron al menos 935 aviones enemigos, 907 de ellos por aviones de caza. Los pilotos de caza estadounidenses realizaban una media de 100 misiones a lo largo de unos seis meses, antes de volver a Estados Unidos.

LA AVIACIÓN NAVAL

La aviación naval estadounidense jugó un papel preponderante en la guerra de Corea, proporcionado apoyo aéreo a las tropas en tierra y realizando misiones de interdicción sobre múltiples tipos de objetivos.

Uno de sus objetivos prioritarios fueron los puentes sobre el Yalu, seis grandes y 11 más pequeños, la mayoría construidos por los japoneses y muy bien protegidos por un denso escudo antiaéreo. Entre el 9 y el 21 de noviembre de 1950 la *US Navy* realizó casi 600 salidas contra esos puentes. Una misión típica consistía en ocho *Skyrider* con dos bombas de 500 kilogramos, entre ocho y 16 *Corsair* con bombas y cohetes para atacar las defensas antiaéreas en la orilla sur, y entre ocho y 16 *Panther* para proteger al grupo de ataque de los MiG. A pesar de este esfuerzo, el flujo de suministros nunca se interrumpió del todo, debido a la prohibición de atacar la orilla norte y evitar sobrevolar territorio chino.

En 1951 estaban operando seis portaaviones en la costa coreana, dedicados fundamentalmente a misiones de interdicción. El único ataque con torpedos tuvo lugar el 30 de abril, contra una presa, que resultó destruida tras haber fracasado con bombas convencionales. Otro objetivo prioritario eran las columnas de camiones y los ferrocarriles que se movían de noche. Al contrario que en la guerra anterior, muchos pilotos aeronavales operaron de noche, utilizando *Corsair* y *Tigercat*. El primer derribo nocturno de un reactor por otro tuvo lugar en noviembre de 1952, cuando un *Skynight* derribó un Yak-15 norcoreano.

La *US Navy* tan solo perdería cinco aviones en combate aéreo, aunque varios centenares fueron derribados o gravemente averiados por el fuego antiaéreo, Aunque no lograron interrumpir las vías de comunicación comunistas, desde luego les exigieron un oneroso tributo. A lo largo de la guerra 17 portaaviones lanzarían más de 250.000 salidas. A ellas hay que añadir las 30.000 realizadas por cuatro portaaviones británicos y uno australiano, totalizando un tercio del esfuerzo aéreo aliado en Corea.

F 86 SABRE VS MIG 15 FAGOT

El 1 de noviembre de 1950 el Mig 15 hizo su aparición en los cielos de Corea, operando desde bases en Manchuria. Manejado por pilotos chinos, norcoreanos y soviéticos, los Mig 15 lograron 258 derribos en combate.

La relación de derribos en combate entre reactores fue claramente favorable al Sabre: 719 Mig 15 frente a 78 F-86.

En 1953 Corea del Norte alineaba 830 aparatos. Utilizaban grandes formaciones de entre 40 y 70 aparatos para enfrentarse a grupos de Sabre que no llegaban a la veintena.

El Mig 15 era más rápido y tenía más techo, pero era una plataforma de tiro inestable. Tenia más potencia de fuego

La mayor parte de los combates tuvieron lugar en el denominado «Callejón de los Mig» (Mig Alley): Allí los Sabre no podían permanecer más de 25 minutos dada su autonomía pero, aún contraviniendo las órdenes, no era raro que persiguiesen al enemigo hasta sus bases en Manchuria.

El Sabre era una plataforma de tiro más estable pero su potencia de fuego era inferior. La superior calidad de sus pilotos compensaba estas carencias.

Un piloto de Sabre realizaba alrededor de un centenar de misiones en los seis meses de servicio en Corea. El mayor as fue el capitán Joseph McConnel, con 16 victorias.

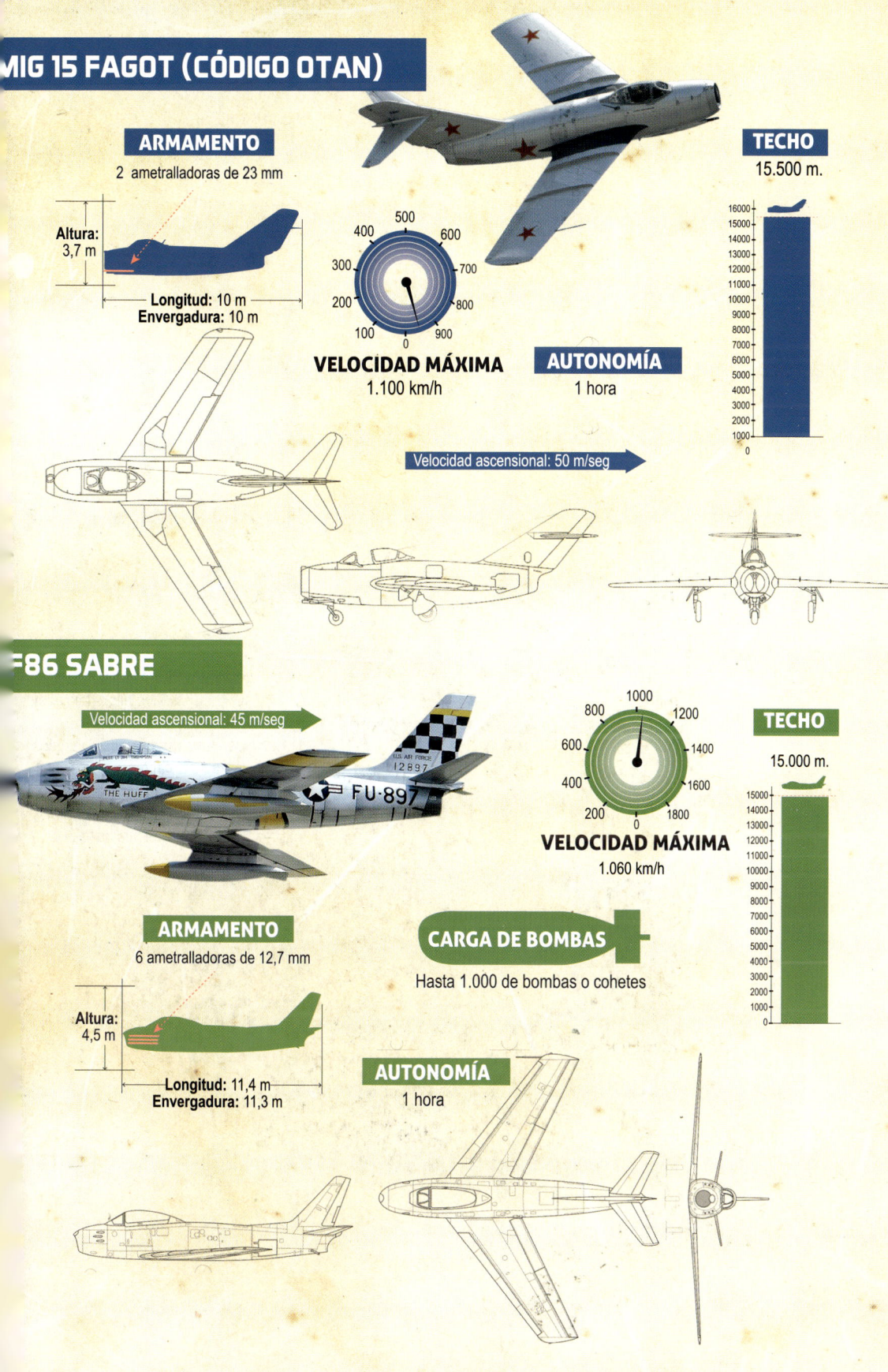

MIG 15 FAGOT (CÓDIGO OTAN)

ARMAMENTO
2 ametralladoras de 23 mm

Altura:
3,7 m

Longitud: 10 m
Envergadura: 10 m

VELOCIDAD MÁXIMA
1.100 km/h

AUTONOMÍA
1 hora

TECHO
15.500 m.

Velocidad ascensional: 50 m/seg

F86 SABRE

Velocidad ascensional: 45 m/seg

THE HUFF
FU·897
12897

VELOCIDAD MÁXIMA
1.060 km/h

TECHO
15.000 m.

ARMAMENTO
6 ametralladoras de 12,7 mm

Altura:
4,5 m

Longitud: 11,4 m
Envergadura: 11,3 m

CARGA DE BOMBAS
Hasta 1.000 de bombas o cohetes

AUTONOMÍA
1 hora

La moral era muy alta, dada la supremacía aérea, y los notables esfuerzos –y éxitos– en el rescate de los pilotos derribados. El balance final *Sabre* vs *Mig-15* es claro: 792 MiG derribados frente a 78 F-86. El mayor as norteamericano de la guerra fue el capitán Joseph McConnel, con 16 victorias.

Un gran número de combates entre reactores tuvo lugar en el espacio denominado *MIG Alley* (el callejón de los *Mig*), en el norte de Corea, donde las superiores tácticas y habilidad de los pilotos norteamericanos compensaban de sobra el hecho de combatir sobre territorio enemigo, y no poder permanecer más de 25 minutos en el escenario. A pesar de las órdenes en contra, no eran raras las internadas en Manchuria en persecución de los aviones soviéticos. Los enfrentamientos, a menudo, ocurrían entre grandes formaciones de entre 40 y 70 Mig-15 y hasta 16 *Sabres*, que penetraban en el espacio aéreo chino a intervalos de cinco minutos entre cada grupo de cuatro aparatos, para atraer al enemigo al combate.

Las Superfortalezas B-29A se mostraron, por el contrario, obsoletos frente a los reactores y la artillería antiaérea controlada por radar. En octubre de 1951, tras perder cinco bombarderos a manos de los MiG-15, se prohibieron las operaciones diurnas de las Super-

DOUGLAS B-26 INVADER EN COREA

En servicio desde 1944, el Douglas A-26/B-26 *Invader* fue el bombardero norteamericano más rápido de la Segunda Guerra Mundial, con una velocidad máxima de 570 km/h. El B-26B tenía una poderosa batería de seis ametralladoras en el morro y hasta catorce más en torretas de control remoto y góndolas ventrales. Podía llevar hasta dos toneladas de bombas.

El 25 de junio de 1950, la *Fifth Air Force* de la USAF, que era la encargada de guarnecer Extremo Oriente, solo tenía desplegada una unidad de bombardeo: el *3rd Bombardment Group*, con dos escuadrones asignados (*8th* y *13th Bombardment Squadrons*), que reunían únicamente 26 ejemplares. Esta unidad se encontraba acantonada en la base *Johnson*, en Japón.

Sus primeras misiones fueron de reconocimiento armado sobre la zona de evacuación de los civiles en los primeros días de la invasión. Pero, tras la destrucción de un cuatrimotor de transporte Douglas C-54 en el aeropuerto de Kimpo, y el ataque realizado por dos Yak-7 comunistas sobre un barco con personal evacuado, el general MacArthur ordenó a las unidades de caza la cobertura y protección de los puertos de evacuación y a los B-26 un ataque de respuesta a las tropas norcoreanas que operaban en Corea del Sur.

Así pues, en la mañana del día 27, una formación de nueve *Invader* atacaron puentes y líneas férreas en las cercanías de Seúl. Pero cuatro días después del inicio de las hostilidades, el 29 de junio, la *Far East Air Force*, consiguió autoriza-

fortalezas. Se mantuvieron las operaciones nocturnas, con escolta de reactores F-94 *Starfire* y F3D *Skynight,* además del uso generoso de contramedidas electrónicas. La moral de las dotaciones de los bombarderos no era tan buena como entre los pilotos de caza, ya que sentían que era imprescindible atacar territorio chino para lograr resultados que mereciesen la pena, cosa que tenían prohibido. Además, el método de hacer ciclos de 50 misiones para volver a casa hacía que la motivación variara mucho dependiendo del momento del ciclo en que se encontraban las dotaciones.

Las tropas norcoreanas utilizaron como bombarderos nocturnos los anticuados biplanos soviéticos Po-2, ya obsoletos durante la Segunda Guerra Mundial, pero con una gran capacidad para incordiar. Su mayor éxito se lo apuntaron destruyendo en tierra un *Sabre* y dañando otros ocho en la noche del 16 de junio de 1951.

En total se volaron 1.040.708 misiones durante la guerra por parte de los pilotos de la ONU. A pesar de que los norteamericanos acapararon toda la atención, otras fuerzas aéreas cosecharon notables éxitos. A modo de ejemplo, los *Gloster Meteor* australianos lograron una gran reputación por su agresividad y efectividad, con gran capacidad de encajar daños en sus temerarios ataques a tierra.

ción del presidente Truman para cruzar el Paralelo 38 y realizar misiones de combate sobre Corea del Norte. A las 16h15, 18 B-26 realizaron una incursión sobre el aeropuerto militar de Pyongyang. Esta primera misión sobre Corea del Norte fue un éxito total. Hangares, barracones y depósitos de combustible fueron totalmente destruidos junto a 25 aviones en el suelo, logrando, además, abatir el único Yak-7 que había conseguido despegar.

Inicialmente, los B-26 fueron empleados en misiones diurnas de apoyo a las fuerzas terrestres coreanas y americanas. Pero, ante el creciente poder aéreo de la ONU, los comunistas evitaron las horas de luz para los desplazamientos, por lo que las dos unidades equipadas con *Invader* tuvieron gradualmente que actuar en misiones nocturnas.

En junio de 1951, las dos alas equipadas con *Invader* fueron trasladadas desde Japón a las nuevas bases construidas en Corea del Sur, para poder actuar más cerca de área de operaciones. La *452nd BW*(L) fue acantonada en Pusan en mayo de 1951, mientras que la *3nd BW*(L) fue trasladada a Kusan en agosto.

Las dos unidades realizaron, a lo largo del conflicto, unas 55.000 salidas operativas. En ellas se acreditaron la destrucción de 38.500 vehículos, 406 locomotoras, 3.700 vagones de ferrocarril, siete aviones, 208 piezas de artillería y 24 carros de combate.

Este brillante palmarés sólo fue empañado por las nutridas pérdidas que sufrió. El número de aparatos operativos simultáneamente no llegó al centenar, y participaron más de 450 aviones, de los que se perdió un tercio. La última misión de combate la realizó un B-26C, el 27 de julio de 1953, 24 minutos antes de que se firmara el alto el fuego en Panmunjon. Además de misiones de intrusión nocturna, los *Invader* fueron empleados durante la guerra de Corea en misiones de reconocimiento nocturno, operando desde Taegu y Kimpo, que mantuvieron hasta el fin del conflicto. En estas difíciles misiones se perderían seis aparatos.

LAS CONSECUENCIAS

Las consecuencias de la Guerra de Corea nos siguen acompañando en la actualidad y han creado uno de los puntos más calientes del planeta, sin visos de solución ante la longevidad de la dinastía que lidera Corea del Norte.

El coste en vidas había sido elevadísimo. Cuatro millones de bajas coreanas y 900.000 chinas (incluido un hijo de Mao). 560.000 bajas de la ONU (94.000 muertos), 142.000 bajas norteamericanas (36.500 muertos; el 45% después de las primeras conversaciones de armisticio). Los surcoreanos sufrieron 415.000 muertos y 430.000 heridos. Casi un millón de soldados chinos y norcoreanos habían muerto al final del conflicto.

Realmente no hubo vencedores ni vencidos. La ONU, bajo el liderazgo de Estados Unidos, había defendido a un país de la agresión de un gobierno totalitario, debido a un error de cálculo de los soviéticos al abandonar el Consejo de Seguridad de la joven ONU, algo que no se repetiría en el futuro. Corea del Norte había perdido más de 2.000 km² al final de la guerra. Si hay que hablar de un triunfador ese fue Mao, que vio como China proyectaba su creciente poder fuera de sus fronteras y sobrevivía a un enfrentamiento con la mayor potencia mundial.

LA ESTABILIZACIÓN DEL FRENTE, 1951-1953.

✈ Aeródromos
● Campo de prisioneros
— Línea de frente 21 de abril de 1951
— Línea de frente 19 de mayode 1951
— Línea de frente 24 de junio de 1951
..... Línea de armisticio 27de julio de 1953

Ello llevó a una creciente y prolongada hostilidad chino-norteamericana, que motivó un embargo comercial, la exclusión china de la ONU y un notable incremento de la influencia soviética en el país asiático. Asimismo, se produjo un grave empeoramiento y enquistamiento del problema de Taiwán. Por el contrario, el enorme apoyo militar, económico, y de todo tipo que Estados Unidos proporcionó, produjo el inesperado efecto de crear en poco tiempo una potente clase media, bien formada, ambiciosa y con una gran capacidad de trabajo, que convertiría en dos décadas a Corea del Sur en una democracia muy dinámica y en una potencia industrial internacional.

Arriba. MacArthur con sus acólitos. Corea fue uno de los primeros ejemplos de intromisión de política partidista interna en la seguridad nacional, que llevaba al gobierno a tomar decisiones funestas basándose en informaciones poco fiables y tergiversadas para proteger sus intereses políticos. Esto se repetiría en Vietnam e Iraq, entre otros muchos lugares.

Abajo. Soldados turcos. Su participación en el conflicto no fue muy afortunada.

El equilibrio geoestratégico se alteró para siempre. Se restauró la soberanía de Japón en septiembre de 1951, como elemento clave estratégico y económico del teatro de Pacífico. La ocupación militar acabó el 28 de abril de 1952. Se firmó el Pacto del ANZUS para la defensa de las islas de Pacífico en 1951. Japón lideraría el desarrollo económico regional y se convertiría también en una potencia industrial y tecnológica mundial. Finalmente, ya en el siglo XXI, su poderoso ejército, liderado por una Armada perfectamente integrada con la *US Navy*, se convertiría en un elemento clave para la estabilidad regional y se colocaría en la primera línea de defensa contra la cada vez más agresiva China (con permiso de Putin, la mayor amenaza para Occidente a corto plazo).

En Europa las consecuencias también fueron notables, con un incremento de las fuerzas de la OTAN. Tras la conferencia de Lisboa en 1952 se estableció una fuerza de 96 divisiones. Grecia y Turquía fueron aceptadas como miembros (la segunda sería una fuente constante de problemas), se restablecieron las relaciones con España y Yugoslavia, en un contexto geoestratégico mucho más realista, se produjo el rearme alemán y se acantonaron seis divisiones norteamericanas en Europa.

Finalmente, se produjo un extraordinario rearme de los Estados Unidos (el documento NSC-68 establecía un incremento de las fuerzas convencionales para hacer frente a las nuevas amenazas, ofreciendo una alternativa a la guerra termonuclear total que había sido la única opción que Estados Unidos había contemplado du-

Arriba. Los cálculos más realistas barajan cifras en torno a cinco millones de bajas, de ellas más de un tercio de muertos.

rante los primeros años de la Guerra Fría). Las fuerzas armadas alcanzarían los 3,5 millones de hombres, con casi un millón estacionados en ultramar, conscientes ya en Washington de que había muchos más escenarios, más probables, que el de la guerra termonuclear. Se reafirmó así el empleo de la fuerza limitada para conseguir objetivos limitados por parte de una superpotencia, en contraposición a la guerra total, algo que persiste en la actualidad, como ha quedado patente en Ucrania.

Un efecto no deseado, que llevó a un drama inesperado fue el incremento de la intervención occidental en Indochina. Estados Unidos se declaró dispuesto a intervenir militarmente en 1952 si los chinos ayudaran al *Vietminh* en su lucha contra los franceses. A la hora de la verdad, dos años después, se limitaron a contemplar la derrota francesa en Dien-Bien-Phu. Ellos mismos se metieron muy pronto en el avispero de Vietnam, que acabó con una vergonzosa derrota. La actitud norteamericana respecto de los problemas internacionales siempre se ha caracterizado por su incoherencia, su desconocimiento de la realidad local, y su pretensión de exportar a ultranza su modelo capitalista, siempre buscando el control económico y social del territorio, algo por definición imposible en muchas partes del mundo, que todavía no parecen haber comprendido en Washington.

Abajo. La reconstrucción de la destrozada Corea del Sur resultó en la creación de un nuevo estado dinámico, occidentalizado, económicamente poderoso, en el que pocos creían antes de la guerra. Por el contrario, el empobrecido Norte sigue bajo una feroz dictadura comunista, con una dinastía de líderes basada en el culto a la personalidad.